Zwischen An-Klage und Hoffnung

Alexius Nowak

Zwischen An-Klage und Hoffnung

Ansprachen an Trauernde

Verlag Friedrich Pustet Regensburg

CIP-Titelaufnahme der Deutschen Bibliothek

Nowak, Alexius:
Zwischen An-Klage und Hoffnung : Ansprachen an Trauernde / Alexius Nowak. – Regensburg : Pustet, 1989
ISBN 3-7917-1214-4

ISBN 3-7917-1214-4

Umschlagfoto: Rudolf Riederer, Regensburg
Umschlaggestaltung: Peter Loeffler, Regensburg
Gesamtherstellung: Friedrich Pustet, Regensburg
Printed in Germany 1989

Inhalt

Einführung

Glaubt man den Umfragen, dann gehört die Begegnung mit dem Tod zu den Lebenserfahrungen, in denen am häufigsten an Gott gedacht wird. Dies tun auch jene, die sonst gar nicht zur Kirche gehen. Fast alle Glieder der Kirche, auch die ihr nur noch nominell angehörenden – gelegentlich auch die aus ihr Ausgetretenen lassen sich kirchlich beerdigen. Dennoch, obwohl der Dienst der Kirche bei der Beerdigung unvermindert begehrt wird, und obwohl eine kirchliche Beerdigung als eine kulturelle Selbstverständlichkeit gilt, bleibt eine wachsende Kluft zwischen der christlichen Eschatologie und den Vorstellungen zum Tod und dem »Danach« in der Gesellschaft kaum zu übersehen. Der Pluralismus der Todesdeutung, vor allem im städtischen Milieu, ist eine Tatsache, die auch durch soziologische Untersuchungen belegt wird. Nicht immer werden der Tod und die Eschatologie von den Hinterbliebenen und den Trauergästen im christlichen Sinne verstanden und gedeutet. Jeder achte glaube an »Wiedergeburt«, hieß es in einer überregionalen Zeitung zu einer repräsentativen Bevölkerungsumfrage des Instituts für Demoskopie in Allensbach, FAZ 1. 3. 1989, weitere 14% seien unentschieden. Dazu der Kommentar: »Nur 74 Prozent lehnen den Glauben an diese Seelen- und Wiedergeburtsvorstellung, die an sich ins hinduistisch-buddhistische Religionsverständnis gehört und im christlich-abendländischen Raum eigentlich fremd ist, entschieden ab.«
Bekanntlich wird den Christen angesichts des Todes eine andere Wahrheit als die der Seelenwanderung und Wiedergeburt verkündet, die Wahrheit von dem auferstandenen Herrn, an dessen Auferstehung die Verstorbenen, die auf seinen Namen getauft worden sind und an ihn glauben, teilhaben werden. Diese Wahrheit gilt als die zentrale

Wahrheit der christlichen Verkündigung. Von ihr heißt es: »Wenn es keine Auferstehung der Toten gibt, ist auch Christus nicht auferweckt worden. Ist aber Christus nicht auferweckt worden, dann ist unsere Verkündigung leer und euer Glaube sinnlos« (1 Kor 15, 13f.).
In Anbetracht der Tatsache, daß fast für alle Christen, auch für die »Fernstehenden«, kirchliche Bestattungen gewünscht werden, bedeutet dies oft für die Kirche eine einmalige Chance, die christliche Botschaft Menschen zu verkünden, die sonst mit dem christlichen Glaubensgut kaum in Berührung kommen. Aber kaum an einem anderen Knotenpunkt der menschlichen Biographie werden auch die Erwartungen an den kirchlichen Dienst so hoch gestellt. Die Konfrontation mit dem Tod ist für die meisten Menschen alles andere als eine alltägliche Erfahrung, es ist oft eine Erfahrung, die sie ihr Leben lang zu verdrängen suchten. Wenn sie eintritt, bricht für viele eine ganze Welt zusammen, sie fühlen sich wie aus der Bahn Geworfene, fragen nach dem Sinn des Lebens und des Todes, vor allem, wenn der Tod unerwartet und nach menschlichem Ermessen verfrüht eintrat. Es bedarf seitens des Seelsorgers eines psychologischen Einfühlungsvermögens, um die Situation der Betroffenen zu erfassen und ihnen entsprechend zu begegnen.
Andererseits liegt hier auch eine gewisse Schwierigkeit, die Betroffenen mit einer Lehre zu konfrontieren, die ihnen oft wie eine fremde Ware vorkommt, die sie kaum verstehen, geschweige denn mit der sie sich identifizieren könnten und aus der sie noch Trost und Hoffnung beziehen sollten. Sie fühlen sich manchmal von dem christlichen Glaubensgut, das angesichts des Todes verkündet wird, wie erschlagen. Keinesfalls wird die christliche Antwort als selbstverständlich hingenommen und akzeptiert. Es dürfte gewiß nicht nur die Erfahrung des Autors sein,

wenn er bei einem Vorbereitungsgespräch mit den Hinterbliebenen gebeten wurde, bei der Ansprache »nicht allzu sehr christlich zu sprechen«, weil die Teilnehmer der Trauerfeier, obwohl zum größten Teil noch formell den beiden Kirchen angehörend, doch keine Bindung zu ihnen mehr haben. Aber eben das christliche Verständnis vom Tod hat der Seelsorger bei der Trauerfeier zu verkünden. Und vom christlichen Verständnis ist das, was er zu verkünden hat, eine Trost und Hoffnung spendende Botschaft. Jedoch empfindet nur derjenige diese Botschaft so, dem sie bekannt und vertraut ist, der sich ihr nicht entfremdet hat. Bei allen anderen, und ihre Zahl ist im Steigen begriffen, wirkt sie befremdend. Liegt es nicht auch daran, daß diese Botschaft in der gesamten Verkündigung der Kirche zu kurz kommt? Ob nicht der Akzent, wenn auch aus berechtigten und verständlichen Gründen, in der letzten Zeit in der kirchlichen Verkündigung allzu stark auf das Diesseits verschoben worden ist?
Die in der letzten Zeit belebte Diskussion um die Sterbehilfe und das starke Aufkommen der Esoterik, die Spiritismuswelle wie auch die Konjunktur feiernden östlichen Todesdeutungen wie Reinkarnation und Seelenwanderung, könnten als eine Herausforderung verstanden werden, die christliche Eschatologie stärker in die alltägliche und sonntägliche Verkündigung einzubeziehen. Eine Kindheitserinnerung möge die Bedeutung einer derartigen Verkündigung belegen: »Auferstehung. Ich will gleich mit dem zentralen Ereignis für das Christsein beginnen. Ich besaß einen ziemlich großen Papposterhasen, bei dem der Kopf abzunehmen war. Meine wichtigste Kinderfrage an Ostern war, ob der Hase nicht nur seinen Rückenkorb mit Schleckereien gefüllt trüge, sondern ob auch – was in guten Jahren der Fall war – sein ansonsten hohler Bauch mit Zuckereiern vollgestopft sei. Bis mein Opa ziemlich

plötzlich starb. Mit einem Male rückten Sterben und Sieg über den Tod in den Mittelpunkt meiner Aufmerksamkeit. Ich befragte meine beste Vertraute, meine Oma. Die speiste mich nicht ab mit ›Opa ist im Himmel‹. Sie erzählte nur: ›Jüngling, ich sage dir, stehe auf!‹ ›Sie schläft nur!‹ ›Lazarus, komm heraus.‹ ›Sie fanden das Grab leer.‹ Während sie ihrem kleinen Enkel all das getreu weitergab, wich mehr und mehr ihre eigene Trauer einer stärkeren Zuversicht. Mein Ostern sah von da an anders aus. Sicher, der Hase mit dem hohlen Bauch, der war auch später nicht belanglos. Aber da waren auch die Ostergesänge zum ersten Mal mit Spuren von Sinn erfüllt: Christ ist erstanden. Des woll'n wir alle froh sein. Und ich glaubte daran, daß Jesus auch so sprechen kann: Opa, ich sage dir, stehe auf!« Als ein unvollkommener Versuch einer Verkündigung der Botschaft von dem auferstandenen Herrn, an dessen Auferstehung wir alle teilhaben werden, einer Verkündigung vom Leben trotz der Todesgrenze, mögen diese vorliegenden Predigttexte aufgenommen und verstanden werden. Sie sind als eine mögliche Hilfe und eine Anregung für die gedacht, die in der Verkündigung stehen und den Hinterbliebenen wie auch allen vom Tod eines lieben Menschen Betroffenen Trost und Hoffnung spenden, möchten sich aber auch angesichts manch eines Todes hilflos fragen: »Was sage ich den Hinterbliebenen?«

Alexius Nowak

I. Herr, es ist Zeit!

Der Tod im Alter oder nach langer Krankheit

Der Herr ist mein Licht und mein Heil (Ps 27)

(Zum Tod eines kirchlich engagierten alten Mannes)

Der Monat November mit den Tagen Allerheiligen und Allerseelen, wie auch mit dem Totensonntag der evangelischen Christen, lenkt wie kein anderer Monat des Kalenderjahres nicht nur unsere Gedanken, sondern auch unsere Schritte zu den Verstorbenen, zu ihren Gräbern. An einem solchen Tag, an dem wir in der katholischen Kirche besonders intensiv unserer Verstorbenen gedenken, am Allerseelentag, rief Gott unseren Bruder B. zu sich; nach einer zwar langen und unheilbaren Krankheit, aber dennoch an diesem Tag und in dieser Stunde unerwartet. Dem Anruf der Frau des Verstorbenen folgend, machte ich mich auf den Weg zu ihm, aber als ich ankam, war er bereits tot. Auch der Arzt, der kurz danach eintraf, stellte fest: »Das Herz schlägt nicht mehr.« Unwillkürlich mußte ich an eine Szene aus dem Roman von Julien Green »Jeder Mensch in seiner Nacht« denken, in dem ein Priester jemandem, der angesichts eines plötzlich verstorbenen Menschen danach fragt, ob es mit dem Toten aus ist, antwortet: »Ja, wenn Sie darunter verstehen, daß das Herz nicht mehr schlägt.« Auf diese Weise, mit dem Stillstand des Herzens, geht das Leben eines jeden Menschen hier auf dieser Welt zu Ende. Und natürlich drängt sich dann die Frage auf: »Was danach?«, »Was weiter?«, »Ob sich der Mensch in Nichts auflöst? Hinter einem Nebel verschwindet?«, einem solchen Nebel, von dem wir oft in diesem Monat umhüllt sind.

Viele Menschen denken über solche Fragen nach und bemühen sich, eine Antwort auf sie zu bekommen. Auch das

Christentum gibt dem Menschen eine Antwort auf diese Fragen. Es sagt, daß der Tod nicht das allerletzte Ende, nicht das sich Auflösen des Menschen in ein Nichts, in einen Nebel ist, sondern einen Übergang in eine andere Wirklichkeit, in die Wirklichkeit Gottes bedeutet. Diese Glaubenswahrheit des Christentums gründet in der Person Jesu Christi, in seinem Tod, vor allem aber in seiner Auferstehung. Dies ist gleichzeitig die Hoffnung der Christen, mit der sie ihre Verstorbenen zu den Stätten ihrer ewigen Ruhe begleiten. Wer diese Hoffnung hat, der kann sich die Worte des Psalmes, den wir eben gebetet haben: »Der Herr ist mein Licht und mein Heil: vor wem sollte ich mich fürchten?«, zu eigen machen. Ich glaube, es sind Worte, die vor allem der Frau des Verstorbenen und den Hinterbliebenen zunächst ein wenig Mut und Trost zu spenden vermögen.
»Der Herr ist die Kraft meines Lebens: vor wem sollte mir bangen?« heißt es weiter in dem Psalm. Und ich täusche mich kaum, wenn ich sage, daß diese Worte sich gut auf unseren Verstorbenen Bruder B. übertragen lassen. Er war ein Christ, d. h. ein Mensch, der sein Vertrauen und seine Hoffnung auf Gott setzte. Der Glaube ist etwas sehr Persönliches, eine intime Beziehung zwischen dem einzelnen und Gott. Wer mag sich schon in diese Beziehung hineindrängen? Manche sprechen über ihre Beziehung zu Gott etwas mehr, andere weniger oder gar nichts. Unser Bruder B. gehörte zu den Menschen, die darüber wenig sprachen, aber er ließ sich von dem Vertrauen und der Hoffnung auf Gott in seinem Leben, in dem es den Weltkrieg mit all seinen Konsequenzen, auch der Konsequenz des Heimatverlustes, gab, leiten.
Und es heißt in dem Psalm: »Nur eines erbitte ich vom Herrn, danach verlangt mich: im Haus des Herrn zu wohnen alle Tage meines Lebens.« Am Tage seines Todes war das »nach Hause gehen« ein Wort, das unser Bruder B. ein

paarmal in den Mund nahm. Er wollte nach Hause gehen. Vielleicht meinte er zunächst das Haus in seiner alten Heimat, in Ostpreußen. Eine verständliche Sehnsucht, die um so stärker ist, je älter wir werden, oder je deutlicher wir spüren, daß sich unser Lebensweg seinem Ende nähert. Aber kommt in diesem Wunsch nicht auch etwas von der Sehnsucht der Heimkehr in das Haus des Vaters, in die Wohnungen Gottes zum Ausdruck? Als Christen hoffen wir, daß der Wunsch, die Sehnsucht unseres Bruders B., nach Hause gehen zu dürfen, durch den Tod erfüllt worden ist.

»Ich aber bin gewiß, zu schauen die Güte des Herrn im Land der Lebenden« – heißt es auch in dem gebeteten Psalm. Der Beter des Psalmes spricht von der Güte Gottes, von seiner Sehnsucht nach dieser Güte. Es ist die Güte, von der wir bereits in diesem Leben umgeben sind, aber auch die Güte, die uns jenseits der Grenze dieser Wirklichkeit erwartet. Von dieser Güte Gottes sollten auch wir etwas in unserem Leben sichtbar werden lassen. Gott schuf den Menschen nach seinem Bild, und d. h. auch bei uns, in unserem Leben sollte etwas von dieser Güte sichtbar werden. Im Leben unseres Bruders B. spiegelte sich etwas von dieser Güte wider. Ein solches Zeugnis eines »guten und hilfsbereiten Menschen« stellen ihm seine Frau, seine Angehörigen und viele, die ihn kannten, aus. Ich meine, es ist eines der schönsten Zeugnisse, die man einem Menschen ausstellen kann. Das Psalmgebet wird mit dem Vers abgeschlossen: »Hoffe auf den Herrn und sei stark! Hab festen Mut und hoffe auf den Herrn!« Es sind Worte, die vielleicht für keine andere Lebenssituation als eben für die Stunde des Abschieds von einem Menschen, den man lieb hatte, so gut geeignet sind. Es ist eine schwere Stunde, vor allem für die Frau des Verstorbenen, die mit

ihm 48 Jahre in der Ehe lebte, für die alte Mutter, für die Kinder und Angehörigen.
Viele Beileidsworte, verehrte Frau S., wurden und werden Ihnen noch in den nächsten Tagen ausgesprochen. Sie drücken das Mitgefühl vieler Menschen aus, die Sie nur bis zu einer bestimmten Grenze begleiten können; einen großen Teil Ihres Schmerzensweges müssen Sie allein gehen. Mögen Sie auf diesem Wege diese letzten Worte des Psalmes begleiten:

»Hoffe auf den Herrn und sei stark!
Hab festen Mut und hoffe auf den Herrn!«

Der Gott, der Sie so oft getröstet und sich als Ihre Stärkung erwiesen hat, wird Ihnen auch in diesen Stunden und Tagen seine Hilfe nicht versagen.

Das Leben ist erstaunlich kurz

(Bei der Beerdigung einer 81jährigen Frau)

Vor ungefähr dreitausend Jahren schrieb ein frommer Mann, ein Beter folgende Worte: »Unser Leben währt siebzig Jahre, und wenn es hoch kommt, sind es achtzig. Das Beste daran ist nur Mühsal und Beschwer, rasch geht es vorbei, wir fliegen dahin« (Ps 90,10).

Es sind Worte, die einem biblischen Text, einem Psalm entnommen sind und die in vielerlei Hinsicht die Wirklichkeit und Realität des menschlichen Lebens wiedergeben. Denn nach wie vor gelten siebzig und achtzig Jahre eines Menschenlebens als ein hohes Alter, und nach wie vor wird von einem jeden Menschen das Leben, auch wenn er dieses Alter erreicht, oder gar überschreitet, als ein rasches Vorübergehen, ein Lauf, ja, als ein Flug empfunden, der viel zu schnell beendet worden ist. Und in der Tat, was sind die Menschenjahre im Vergleich zu den Jahren der Welt- und Menschheitsgeschichte? Ein Abschnitt, ein Blitz, der kaum registriert oder wahrgenommen wird. Es ist nicht von ungefähr, daß wir uns dieser Realität erinnern. Wir tun das angesichts des Sarges unserer Schwester S.

Eines Tages, als ich sie besuchte, zeigte sie mir zwei mit Bildern gefüllte Alben. So durfte ich ihr Leben fast nahtlos von der Kindheit bis zum nahezu letzten Tag verfolgen. Ich sah die Bilder eines niedlichen Kindes, eines hübschen Mädchens, einer schönen jungen Frau; doch dann wurden die Gesichtszüge immer stärker von den Spuren der Zeit gezeichnet, das Haar verfärbte sich grau. Das Verfolgen eines Menschenlebens mit Hilfe von Bildern, wie es der

Wirkung der Zeit ausgesetzt wird, wie es sich verändert, läßt besonders deutlich spüren, wie kurz das Menschenleben ist. F. Kafka brachte dies in einer sehr kurzen Erzählung »Das nächste Dorf« eindrucksvoll zum Ausdruck. Er schrieb: »Mein Großvater pflegte zu sagen: ›Das Leben ist erstaunlich kurz. Jetzt in der Erinnerung drängt es sich mir so zusammen, daß ich zum Beispiel kaum begreife, wie ein junger Mensch sich entschließen kann, ins nächste Dorf zu reiten, ohne zu fürchten, daß – von unglücklichen Zufällen ganz abgesehen – schon die Zeit des gewöhnlichen, glücklich ablaufenden Lebens für einen solchen Ritt bei weitem nicht hinreicht.‹« Es ist die gleiche Erfahrung, die bereits der biblische Autor gemacht hatte, als er meinte: »Wir fliegen dahin« und an einer anderen Stelle: »Du machtest meine Tage nur eine Spanne lang, meine Lebenszeit ist vor dir wie ein Nichts. Ein Hauch nur ist jeder Mensch« (Ps 39,6).
Wenn der Mensch so vergänglich ist, was ist dann eigentlich sein Leben wert? Eine Frage, die sich uns aufdrängt. Auf einem kleinen Friedhof las ich auf einem Grabstein diesen Satz: »Aus deiner Hand in deine Hand.« Dies ist eigentlich unser Sterben, eine Zurückgabe unseres Lebens in die Hand Gottes, ein Fallen in seine Hände. Der bekannte Wiener Theologie-Professor F. Klostermann berichtete einmal über eine Erfahrung aus seiner schweren Krankheit. Er merkte, wie es ihm immer schlechter und schlechter ging und hatte das Gefühl, immer tiefer zu fallen, und in dieser unvorstellbaren Tiefe fühlte er sich von den ausgebreiteten Armen Gottes aufgefangen.
Noch eine andere Wahrheit beinhalten die Worte des am Anfang zitierten Psalmes, sie sprechen von der Mühsal und dem Beschwer des menschlichen Lebens. Beides: Mühsal und Beschwer kennzeichneten auch die letzten Lebensjahre unserer Schwester S. »Und sind wir einmal

müde, dann stell ein Licht uns aus, o Gott, in deiner Güte, dann finden wir nach Haus« – haben wir gesungen. Diese Worte geben gut wieder, was unsere Schwester S. in den letzten Jahren ihres Lebens empfunden hat. Sie fühlte sich müde, lebenssatt und sehnte sich danach, nach Hause, zu ihrem Vater gehen zu dürfen.
Wir haben gebetet: »Führe unsere Schwester S. in die ewige Heimat. Sie verläßt das Haus, in dem sie auf Erden gewohnt hat: Nimm sie auf in die himmlischen Wohnungen.« Alle, die unsere Schwester S. gekannt haben, wissen, wie sehr sie an ihrem Haus, an ihrer Wohnung gehangen hat. Es mag verständlich sein, denn ein jeder Mensch will sein eigenes Zuhause haben. Eines Tages aber kommt die Stunde, in der wir aus unserer Wohnung, aus unserem Haus hinausgetragen werden.
»Bei dir zu Hause«, heißt ein schöner Bildband. Für ein Zuhause opfern und arbeiten Menschen oft sehr viel. Christen hoffen aber auch noch auf ein anderes Zuhause. Dieses Zuhause sind die Hände Gottes, die bereit sind, uns aufzufangen, wenn wir unser irdisches Haus für immer verlassen müssen. In dem erwähnten Bildband heißt es von diesem Haus: »Du bist mein Haus, in das ich mich berge und rette. Du bist mein Du, in das ich mich verliere und verschwende. Du bist mein liebstes Zuhause.«
In der Hoffnung, daß unsere Verstorbenen dieses Zuhause finden, tragen wir sie zur Stätte ihrer ewigen Ruhe. Heute tun wir das mit den sterblichen Hüllen unserer Schwester S. und hoffen, daß sie, nachdem sie ihr geliebtes irdisches Haus verlassen mußte, jetzt eine Wohnung von Gott, »ein nicht von Händen errichtetes ewiges Haus im Himmel« (2 Kor 5,1) erhalten hat.

Meine Seele wartet auf den Herrn

(Bei der Beerdigung einer alten, gläubigen Frau im Advent)

»Meine Seele wartet auf den Herrn mehr als die Wächter auf den Morgen« (Ps 130,6).

Wir befinden uns in der Adventszeit, die als eine Zeit des Wartens verstanden wird, nicht nur auf das Weihnachtsfest, sondern auch als eine Zeit, in der die Erinnerung an das zweite Kommen des Herrn wachgehalten wird. Das Warten ist eine Eigenschaft, eine Lebensweise, die vielen Menschen abhanden gekommen ist. Dennoch gehört Warten zum Bestandteil unseres Lebens, ob es uns angenehm oder weniger angenehm ist, ob wir es wollen oder nicht, wir bleiben wartende Menschen, Menschen, die auf die Rückkehr ihres Herrn warten. Es gibt mehrere und sehr unterschiedliche Weisen des Wartens. In der Literatur ist eine von den Weisen des Wartens in dem Stück von S. Becket »Warten auf Godot« ausführlich und anschaulich beschrieben worden. Zwei ältere Männer, berufs-, familien- und wohnungslos, sitzen an einer Straße und warten auf einen gewissen Herrn Godot. Auf ihn setzen sie ihre Hoffnung. Doch Godot reagiert nicht. Immer wieder schickt er einen Jungen mit der Botschaft: »Herr Godot kommt nicht heute abend. Aber er wird morgen kommen.« Dennoch kommt er nicht, Godot wird niemals kommen. Sie warten auf ihn vergebens. So ist Godot zum Symbol für ein vergebliches Warten geworden.

Im Gegensatz zu Godot ist Gott derjenige, der kommen wird. Davon sprechen zahlreiche biblische Texte. Sein zweites Kommen am Ende der Zeit sollten wir nicht außer acht lassen, darüber hinaus aber dürfen wir auch nicht unsere persönliche Begegnung mit ihm vergessen, denn er kommt zu einem jeden von uns, um uns abzuholen. Auf dieses Kommen sollten wir warten, damit er uns nicht unvorbereitet antrifft. Die Bibel spricht an mehreren Stellen vom richtigen Warten, so auch in der Geschichte von den zehn Jungfrauen, die mit Lampen in der Hand dem Bräutigam entgegengehen. Aber nur fünf von ihnen nahmen Öl zu den Lampen mit. Als sich das Kommen des Bräutigams verzögerte, schliefen alle ein. Mitten in der Nacht, plötzlich, kündete man sein Kommen an. Nur die fünf jungen Frauen, die auch Öl mitgenommen hatten, durften in den Hochzeitssaal eintreten. Gleich diesen Frauen hat auch unsere Schwester K. auf das Kommen des Herrn gewartet.

In der Anzeige, die ihren Tod bekanntgab, war zu lesen: »Ein Leben voll Liebe, Güte und steter Hilfsbereitschaft ging zu Ende.« Alle, die sie gekannt haben, mit ihr zusammengekommen sind, wissen, daß diese Worte eine wesentliche Eigenschaft ihres Lebens wiedergeben. Bei einem jeden von uns hinterläßt sie ihr Bild, ein Bild, das aus den persönlichen Begegnungen, den gemeinsamen Erlebnissen und aus Gesprächen entstanden ist. Auch bei mir hinterläßt sie ihr Bild. Mit dem gebotenen Vorbehalt gegen die Vollständigkeit eines solchen Bildes möchte ich einige charakteristische Züge ihrer Person, ihres Menschseins hervorheben.

Unsere Schwester K. ist ein gläubiger Mensch gewesen. Der Glaube bildete den Kern, war der Mittelpunkt ihres ganzen Lebens. Es war durchaus ein gelebter und praktizierter Glaube.

Sie ist ein dankbarer Mensch gewesen. Unsere Zeit, so sagt man, sei eine Zeit, die sich durch zunehmende Undankbarkeit auszeichnet. Dieser Zeiterscheinung schien unsere Schwester K. durch ihre Haltung zu widersprechen. Sie

bedankte sich oft bei Gott und bei ihren Mitmenschen. »Danke« war ein Wort, das sie oft sprach. Auch bei meinem letzten Besuch bei ihr, nur wenige Stunden vor ihrem Tod, wiederholte sie mir gegenüber mehrmals die Worte: »Danke, Herr Pfarrer!« Ich fühlte, es war nicht so sehr ein Dank, der nur mir gelten sollte, sondern es war ein Dank für alles, was sie in ihrem Leben erfahren durfte, ein Dank an alle ihre Mitmenschen, den sie mir gegenüber aussprach. Und ich möchte diesen Dank an alle weitergeben. Sie war ganz einfach dankbar für das Geschenk des Lebens, denn sie lebte gern und freute sich über das Leben.
Sie ist auch ein segnender Mensch gewesen. Ich glaube, nicht nur mir gegenüber verhielt sie sich so, daß sie den Abschiedsworten immer einen guten Wunsch, eine Segensformel beifügte, sondern sie tat das bei fast allen Menschen. Und es war keinesfalls nur ein frommer Spruch, eine Floskel, sondern man spürte, sie wünschte es dem Menschen für den Tag, für seine Wege, die er im Laufe des Tages gehen würde, daß der Segen Gottes ihn begleiten möge.
Sie ist auch ein gebender, ein schenkender und spendender Mensch gewesen, obwohl sie davon gar nicht viel sprach. Das erfuhr man im nachhinein, wieviel gute Werke und Ziele, auch außerhalb der Gemeinde, sie unterstützt hatte. Wenn die Worte, die am Eingang eines Friedhofes zu lesen sind: »Wenn man dich zum Grabe trägt, kümmert dich nicht das, was du hast; mitnehmen wirst du das, was du gegeben hast«, die Wirklichkeit des Todes wiedergeben, dann können wir sagen: unsere Schwester K. nimmt vieles in die Wirklichkeit des verwandelten Lebens mit. Denn es ist vieles, was sie ihren Mitmenschen geschenkt und gegeben hat, nicht nur an Materiellem, sondern auch an Menschlichem.
Zur Bergpredigt gehören auch diese Worte Jesu: »Sammelt euch nicht Schätze hier auf der Erde, wo Motte und Wurm

sie zerstören und wo Diebe einbrechen und sie stehlen, sondern sammelt euch Schätze im Himmel, wo weder Motte noch Wurm sie zerstören und keine Diebe einbrechen und sie stehlen« (Mt 6,19f). Diese Schätze hat unsere Schwester K. ihr Leben lang gesammelt. Denn die Liebe, die sie verschenkt hat, ist ein Schatz von unzerstörbarem Wert, denn heißt es nicht: »Die Liebe hört niemals auf« (1 Kor 13,8)? Sie wird auch nicht durch den Tod zerstört, denn »wir wissen, daß wir aus dem Tod in das Leben hinübergegangen sind, weil wir die Brüder lieben« (1 Joh 3,14). Und das hoffen wir für unsere Schwester K. Nachdem jetzt die Zeit ihres Wartens auf die Ankunft des Herrn erfüllt worden ist, durfte sie, den fünf klugen Frauen aus dem Gleichnis Jesu ähnlich, in den Hochzeitssaal mit dem Bräutigam eintreten und an dem Glück teilhaben, von dem der Apostel Paulus schreibt, es habe kein Auge gesehen und kein Ohr gehört, wie groß dieses Glück ist, das Gott denen bereitet hat, die ihn lieben (vgl. 1 Kor 2,9).

Mein Erlöser lebt

(Bei der Beerdigung einer 78jährigen Frau, in den letzten Monaten sehr krank)

Im Wochenmagazin einer überregionalen Zeitung wird jeden Freitag ein Gesellschaftsspiel in der Form eines Fragebogens durchgeführt. Bekannten Persönlichkeiten aus den unterschiedlichsten Bereichen des öffentlichen Lebens werden mehrere Fragen gestellt. Eine dieser Fragen lautet: »Wie möchten Sie sterben?« Die meisten beantworten diese Frage mit: »Schnell«, »schmerzlos«, »im Schlaf«, »ohne viel zu leiden« und ähnlich. Befragt wurde auch der Historiker Andreas Hillgruber. Die Frage, wie er sterben möchte, beantwortete er: »In der festen Überzeugung, daß mein Erlöser lebt.« Eine par excellence nicht nur christliche, sondern auch österliche Antwort, denn Ostern ist das Fest der Christen, an dem sie den Sieg Christi über den Tod feiern und ihre Hoffnung auf ein Leben jenseits der Todesgrenze bekunden. Diesen Sieg feiern und diese Hoffnung bekunden die katholischen Christen auch in der Feier der Eucharistie, wo es heißt: »Deinen Tod, o Herr, verkünden wir, und deine Auferstehung preisen wir, bis du kommst in Herrlichkeit.« Auch unsere Schwester P. hat dies ihr Leben lang getan, bis sie durch die Krankheit ans Bett gebunden wurde.

Das Zeichen dieses Sieges, der Erlösung des Menschen vom Tod, ist das Kreuz, das sich auch jetzt über dem Sarg unserer Schwester erhebt. Das Kreuz setzt sich bekanntlich aus zwei Balken zusammen, einem waagerechten und einem senkrechten. Diese Balken deuten auf die zwei Perspektiven, in denen sich unser Leben abspielt, auf die horizontale und die vertikale Perspektive. Die horizontale

Perspektive ist unser Lebensweg, den wir von der Geburt bis zum Tode gehen. Die vertikale Perspektive ist der Weg, den wir von unten nach oben, von der Zeitlichkeit in die Ewigkeit, von dieser Welt in die Wirklichkeit Gottes gehen. Wenn wir diese Wege gehen, vollzieht sich ein natürlicher Prozeß: wir nehmen auf diesen Wegen vieles in uns auf, verlieren aber auch manches. So werden wir einerseits im Laufe unseres Lebens um Vieles bereichert, gleichzeitig aber verausgaben wir uns, wir geben unsere Energie, unsere physischen und geistigen Kräfte aus, bis es zu einem Stillstand kommt. Dieser Stillstand heißt Tod. Der Mensch, der auf seinem Lebensweg so viel in sich aufgenommen hat, ist nicht nur an die Grenze seiner Wege, sondern auch seiner Kräfte gelangt. Und was danach?, drängt sich zwangsläufig die Frage auf.

Als Lesung haben wir den biblischen Text von dem Schicksal des Weizenkornes gehört (Joh 12,24–26). Jesus greift auf ein Bild aus der Natur zurück, um mit seiner Hilfe seinen Zuhörern einen Teil seiner Verkündigung anschaulich zu erschließen. Und ähnlich, wie es in der Natur notwendig ist, daß das Weizenkorn stirbt, damit daraus ein neues Leben entstehen kann – aber es stirbt erst, wenn es reif ist, wenn es vieles in sich aufgenommen hat, so viel, daß es nichts mehr aufnehmen kann – so ist es auch mit dem Menschen und seinem Leben. Damit er in ein neues, vollendetes Leben bei Gott übergehen kann, muß er dem Leben in dieser Welt absterben. Dieses Leben ist ein Prozeß, der sich unser ganzes Leben lang vollzieht, es ist ein Reifungsprozeß, der erst im Tode vollendet wird. Daß dieser Prozeß durch den Tod nicht abgebrochen, sondern vollendet wird, verspricht uns Jesus Christus selbst. Er tut das mehrmals, am prägnantesten wohl in dem Satz, den er an Marta, die Schwester des Lazarus, richtet: »Ich bin die

Auferstehung und das Leben; wer an mich glaubt, wird leben, auch wenn er stirbt« (Joh 11,25). Diesen Weg des Glaubens ist unsere Schwester P. gegangen. Hier lag gewiß auch ihre Zuversicht und Hoffnung, denn als sich bereits das Ende ihres Lebensweges andeutete, sagte sie mir: »Ich möchte schon sterben!« Sie konnte es so gelassen sagen, denn einerseits fühlte sie sich reif für den Tod, andererseits glaubte sie daran, daß ihr Erlöser lebt. Sie glaubte ähnlich wie jene Frau, von der der evangelische Theologe und Prediger H. Thielicke zu erzählen weiß. Es war bei einer Schiffstaufe, als ihm ein bekannter Reeder aus Hamburg von dem Sterben seiner Frau erzählte. Kurz vor ihrem Tod sagte ihm seine Frau: »Wenn du wüßtest, wie das ist, beim letzten Weg einen Heiland zu haben, dann würdest auch du diesen Weg gehen.« Doch der Mann wußte es nicht, aber diese Worte seiner Frau haben ihn stutzig und nachdenklich gemacht, ließen ihn nicht mehr los. So nutzte er die Gelegenheit, einen Theologen danach zu fragen: »Können Sie sich vorstellen, was sie damit gemeint hat?«

Können wir uns vorstellen, was sie damit gemeint hat? Nicht wenige unter uns können es. Gewiß hatte sich diese Frau in den letzten Stunden ihres Lebens, ähnlich wie dies auch unsere Schwester P. tat, der Worte aus dem Buch Ijob erinnert: »Ich weiß: mein Erlöser lebt« (19,25).

Ich möchte es nicht unterlassen den drei Töchtern unserer Schwester P. zu danken. In den letzten Monaten der Krankheit ihrer Mutter haben sie bei ihr abwechselnd Tag und Nacht den Dienst der Nächstenliebe verrichtet. Sie wollten sie in ihren letzten Wochen und Tagen nicht allein lassen, sondern begleiteten sie, als sich ihr Weg dem Ende näherte. Viele, die heute mit sterbenden Menschen zu tun haben, sprechen davon, daß oft der sterbende Mensch sich allein überlassen wird, daß er isoliert von der menschlichen Gemeinschaft, außerhalb seiner Familie, anonym im Krankenhaus, umgeben von technischen Geräten seinen Lebensweg beendet. Immer mehr Menschen wehren sich dagegen. Sie möchten gern in einer ihnen vertrauten Umgebung, in Anwesenheit von Menschen, mit denen sie sich ihr ganzes Leben lang verbunden fühlten, sterben. Es ist ein verständlicher und berechtigter Wunsch, den wir, soweit das möglich ist, erfüllen sollten. Von dem großen Kardinal von Galen wird erzählt: als er schwer erkrankte und alle das Krankenzimmer verlassen hatten, bat er einen seiner Mitbrüder: »Wenn es diese Nacht zum Sterben geht, dann mußt du aber kommen; ich möchte dann nicht gern alleine sein.«

Kaum ein Mensch möchte in der Stunde des endgültigen Abschiedes allein sein. Dank der großherzigen Bereitschaft ihrer drei Töchter, die mit ihrem Dienst die mütterliche Liebe auf diese Weise erwidert haben, ist unsere Schwester P. aus einer ihr vertrauten Umgebung ihrem Heiland und Erlöser entgegengegangen.

Reisezeit

(Zum Tod eines 52jährigen Mannes; 6 Monate krebskrank)

Auf einem Bahnsteig halten sich Menschen auf. Sie warten, bepackt mit Koffern, Reisetaschen, manche tragen nur eine Aktentasche unter dem Arm, auf den Zug. Sein Kommen wird fast immer angesagt, manchmal hat er eine Verspätung, aber er wird mit an Sicherheit grenzender Wahrscheinlichkeit kommen. Eilig steigen die Reisenden ein und suchen sich einen bequemen Platz, am liebsten am Fenster. Der Zug setzt sich in Bewegung. Die Reisenden fahren ihrem Ziel entgegen. Sie werden nacheinander an den einzelnen Stationen aussteigen. Nur wenige fahren bis zur Endstation.

Dieses Bild läßt sich gut auf unser Leben übertragen. Denn ist nicht unser Leben wie ein Leben auf dem Bahnsteig? Bekanntlich halten sich Menschen auf dem Bahnsteig nur vorübergehend auf, nur dann, wenn sie auf den Zug warten, der sie an das Ziel ihrer Reise bringen sollte. Wir aber leben auf dem Bahnsteig, was so viel heißen kann, wie an einem Ort, an dem immer ein Zug ankommt und Reisende mitnimmt. Manchmal wird seine Ankunft angekündigt, ein andermal kommt er plötzlich und unerwartet, manche Reisende warten bereits auf ihn und meinen, er verspäte sich, andere dagegen empfinden sein Kommen als verfrüht. Doch wenn er da ist und anhält, muß ein jeder einsteigen und Platz nehmen. Und es steigen junge und ältere Reisende, gesunde und kranke Menschen ein. Wohin bringt er die Reisenden? Weder dieser Zug noch sein Endziel sind einem Reiseplan zu entnehmen. Denn Sie ahnen es, welchen Zug ich meine. Dieser Zug ist der Tod, und das

Ziel, an das er seine Passagiere bringt, ist eine Station, die jeder für sich aus dem Plan seines Glaubens ablesen und nennen kann. So meint der eine, der Zug bringe ihn in ein Nichts; ein anderer, er führe ihn in eine andere Lebensform; noch ein anderer glaubt, am Ende seiner Reise eine ewige Wanderung beginnen zu dürfen, oder einem Stern gleich am Himmel zu leuchten. Auch ein Christ hat eine Vorstellung von dieser Reise. Er glaubt, in das Haus seines Vaters zurückkehren zu dürfen. So verstand auch unser Bruder S., um dessen Sarg wir uns heute versammelt haben, seinen Tod. Er bereitete sich auf diese Reise vor, denn es war ihm seit einigen Monaten bereits bewußt, daß der Zug, in den wir alle einmal einsteigen müssen, bald auch an seinem Bahnsteig anhält, um ihn mitzunehmen. Aber bevor er diese letzte Reise antreten mußte, ging er noch auf eine andere Reise, auf die Reise in seine östliche Heimat. Er stieg in einen Zug, der ihn zu den Ursprüngen seines irdischen Lebens brachte, denn vor seiner endgültigen Reise wollte er sich noch von vielen, von seiner Heimat, aber auch von vielen Menschen, auch von dem noch lebenden Vater, verabschieden.

In einem Büchlein las ich zum Abendgebet diese folgenden Gedanken: »Du solltest diese abendliche Zeit nützen, um dich von deinen Mitmenschen innerlich zu verabschieden. Du solltest dich von der Versklavung an die Arbeit und Dinge lösen, loslassen, dich und alles, was mit dir zusammenhängt, Gott übergeben. Du mußt Bilanz ziehen und doch alles dem gnädigen Gott überlassen.« Das hat unser Bruder S. getan, Bilanz gezogen und in diese Bilanz auch den Abschied von vielem, was er liebte, einbezogen. Sein weiteres Schicksal, das, was kommen wird, hat er Gott überlassen. Denn wenn man sein Leben kurz auf einen Nenner bringen möchte, dann kann man sagen, er ist ein gottvertrauender Mensch gewesen. Er brachte dieses

Vertrauen zum Ausdruck durch seinen praktizierten Glauben, durch die Teilnahme am Gottesdienst und durch sein Gebet. Ich glaube kaum zu übertreiben, wenn ich von seinem Tod sage, er habe ihn als einen Sprung in die Hände Gottes verstanden, ähnlich wie jener Junge, der in die Hände seines Vaters sprang. In der Nähe von Brüssel, in einem fünfstöckigen Haus, brach ein Feuer aus. Die Eltern und zwei Töchter konnten sich noch retten, der fünfjährige Sohn schaffte es nicht mehr. Die Flammen versperrten ihm den Weg. Er lief das Treppenhaus hinauf. Oben angekommen, riß er ein Fenster auf und rief nach seinem Vater: »Papa, hol mich!« Der Vater rief zurück: »Komm und spring!« Der Junge erstarrte vor Angst. Springen in den Abgrund? Rauch und Qualm versperrten ihm den Blick. Daher rief er: »Papa, ich sehe dich nicht!« Darauf der Vater: »Aber ich sehe dich! Komm und spring!« Der Junge zögerte und sprang. Er sprang in die ihn auffangenden Hände seines Vaters.

Die Hände des Vaters sind für unseren Bruder S. die Endstation seiner Reise. Nicht von ungefähr habe ich dieses Bild benutzt, denn unser Bruder ist ein Bahnangestellter gewesen. Die Bahnhofsatmosphäre ist ihm eine vertraute gewesen. Zu dieser Atmosphäre gehören auch die Hinterbliebenen, die den Reisenden verabschieden, ihm zuwinken. Sie tun das meistens mit Tränen in den Augen. Doch sie leben auch von der Hoffnung der Heimkehr und des Wiedersehens. Eine Rückkehr von der Reise, die unser Bruder S. diesmal angetreten hat, wird es nicht mehr geben. Aber vom christlichen Verständnis her gibt es die Freude des Wiedersehens mit denen, die uns auf der Erde für immer verlassen haben. Von dieser Freude des Wiedersehens mit seinen Jüngern sprach auch Jesus kurz vor seinem Tod, als er sich von ihnen verabschiedet hatte. Er sagte ihnen: »So seid auch ihr jetzt traurig, aber ich werde euch wiedersehen; dann wird euer Herz sich freuen, und eure Freude wird euch niemand nehmen« (Joh 16,22). Möge diese Hoffnung auf ein Wiedersehen, Ihnen, verehrte Familie des Verstorbenen, in diesen Stunden des Abschiedes ein wenig Trost spenden.

Sie starb auf dem Weg nach oben

(Bei der Beerdigung einer alten gläubigen Frau)

Von Abrahams Tod heißt es in der Bibel: »Er starb in hohem Alter, betagt und lebenssatt, und wurde mit seinen Vorfahren vereint« (Gen 25,8). Wenn auch unsere Schwester U. das Alter von Abraham, einhundertfünfundsiebzig Jahre, nicht erreicht hat, dürfen wir dennoch von ihr sagen, sie starb in einem hohen Alter und lebenssatt. Sie ist in der Tat satt am Leben gewesen und sprach auch davon. Sie sehnte sich nach dem Tod und erwartete ihn. Sie bereitete sich auf ihn vor und empfand vor ihm keine Angst. Sie glaubte, die Aufgaben, die Gott ihr anvertraut hatte, gut und gewissenhaft erfüllt zu haben. So konnte sie gelassen auf sein Kommen warten.

Sie ist ein Mensch gewesen, der in der Öffentlichkeit kein Amt bekleidet hat, eine Frau, deren Leben sich eher bescheiden, in einem verhältnismäßig engen Kreis abspielte, im Kreis der Familie und der kirchlichen Gemeinde. In den letzten Jahren, bedingt durch das Alter und die Altersgebrechlichkeiten, ist dieser Kreis noch enger gezogen worden. Dennoch läßt sich in diesem bescheidenen Leben eine gewisse Größe erkennen, es ist die Größe, die ihren Ausdruck in der Treue bei der Erfüllung aller ihrer täglichen Aufgaben fand. Es waren vor allem die Aufgaben, die sie als Ehefrau, Mutter und Großmutter meinte erfüllen zu müssen. Es ist, möchte man ihr Leben auf einen Nenner bringen, ein Leben gewesen, das in der Liebe zu Gott und zu den Mitmenschen gelebt worden ist.

Es gibt einen bereits älteren Film, »Fahrenheit 451«, der nach dem gleichnamigen Roman gedreht worden ist und in dem es diese Szene gibt: Ein alter Mann stirbt. Neben ihm sitzt ein Junge, offenbar sein Enkel. Es findet ein besonderes Abschiedsritual statt. Der Großvater erzählt wiederholt ein Buch. Der Junge bemüht sich, Satz für Satz auswendig zu lernen, fängt die letzten Worte des Sterbenden auf, will sich alles einprägen, bevor der Großvater tot ist. Ähnlich diesem Mann hat auch unsere Schwester U. zunächst ihren Kindern, dann auch ihren Enkeln eine wichtige Botschaft ins Ohr geflüstert: Die Botschaft des Glaubens, die Frohe Botschaft. Denn als eine wichtige Aufgabe verstand sie, den Glauben weiterzugeben. Sie tat das auf ihre schlichte Art und Weise, indem sie nicht so sehr vom Glauben, sondern den Glauben erzählt hat. Sie tat dies durch die Erzählung von biblischen Geschichten. Sie sprach auch von den eigenen Glaubenserfahrungen. Diese Weitergabe des Glaubens, meinen viele, wurde in vielen Familien unterbrochen. Unsere Schwester U. hatte keine theologische Ausbildung; dennoch ahnte sie, wie wichtig das Erzählen von Gott und seiner Liebe, von Jesus Christus und seiner Botschaft für die Kinder und Enkel ist, und sie tat es an Hand von biblischen Geschichten.

Sie tat aber noch mehr, den erzählten Glauben ergänzte und unterstrich sie durch ihren gelebten Glauben. Ihr gelebter Glaube bedeutete Gebet und Gottesdienst, aber es war auch ihre Liebe, die sie Menschen schenkte. Sie tat dies vor allem durch die Erfüllung ihrer täglichen Aufgaben. Auch an ihrem Grab kann man fast die gleichen Worte sprechen, die L. Rinser in ihrem Roman »Die vollkommene Freude« dem alten Priester am Grabe von Marie-Catherine in den Mund legt: »Laßt die Fußböden eurer Küchen sprechen, die sie geputzt hat. Laßt eure zerknitterten Bettlaken sprechen, die sie glattgezogen hat ... Laßt die große Stille der Liebe sprechen: kleine Klagen über kleine Sorgen, große Klagen über großes Leid; ... Laßt

euer Lächeln sprechen, mit dem ihr fortginget von ihr, getröstet, erleichtert ... Wollt ihr die Liebe vergelten, die sie euch gab, so lebt wie sie: versucht zu lieben.«
Nun ist dieses Leben zu Ende gegangen. Wenn sie auch mit beiden Füßen auf der Erde, auf dem festen Boden der irdischen Wirklichkeit stand, so war nicht nur ihr Blick, sondern auch die Richtung ihres Lebensweges nach oben gerichtet. So können auch für sie gut die Worte passen, die auf einem Bergkreuz in den Alpen zu lesen sind: »Sie starb auf dem Weg nach oben.« Auf diesem Weg begleiten wir sie mit unserem Gebet: »Gütiger Vater, in deine Hände empfehlen wir deine Dienerin U. und hoffen zuversichtlich, daß sie bei Christus ist. Wir danken dir für alles Gute, mit dem du sie in ihrem irdischen Leben beschenkt hast, und für das Gute, das wir durch sie erfahren durften.«

Herr, es ist Zeit

(Bei der Beerdigung einer 92jährigen gläubigen Frau)

»Herr, es ist Zeit« – so fängt das Gedicht »Herbsttag« von Rainer Maria Rilke an. »Herr, es ist Zeit« denke ich immer wieder, wenn ich am Sarge eines Menschen stehe. »Herr, es ist Zeit« denke ich auch heute, wenn ich am Sarge unserer Schwester M. stehe. Und ich denke dies in einer doppelten Hinsicht, zunächst in Dankbarkeit, daß Gott ihr so viel Zeit in diesem Leben, fast 92 Jahre, geschenkt hat, so daß sie den Maßstab, den die Bibel in einem der Psalmen für ein hohes Alter setzt, siebzig und achtzig Jahre, weit überschritten hat. Auch überschritt sie erheblich die durchschnittliche Lebenserwartung der Bürger in unserem Lande. Gemessen an Jahren hat Gott ihr viel Zeit geschenkt. Und dafür ist auch sie Gott dankbar gewesen. Auch für die Hinterbliebenen ist dies gewiß ein Grund, dankbar zu sein, dankbar für den Menschen M., den Sie bei sich so lange haben durften.

Mag auch unser Leben noch so viele Jahre zählen, einmal wird es beendet. Dies mit einer unerschütterlichen Gewißheit. So ist auch das Leben unserer Schwester M., das am Heiligen Abend vor 92 Jahren begonnen hat, am letzten Samstag beendet worden.

Man bedarf nicht allzu vieler Phantasie, um sich vorzustellen, daß es in einem so langen Leben weder an geschichtlichen Ereignissen noch persönlichen Erlebnissen mangelte. Es gab in ihrem Leben zwei Weltkriege mit der Konsequenz der Nachkriegszeiten, auch mit der Konsequenz einer Vertreibung und der Suche nach einer neuen Bleibe, einer neuen Heimat.

Wem so viel Zeit wie unserer Schwester M. geschenkt wird, dem wird auch vieles zu erleben gegeben. Es lassen sich, so glaube ich, auf ihr Leben gut die Worte aus dem Alten Testament, dem Buch Kohelet, beziehen, die sagen, daß es für jedes Geschehen auf der Erde eine bestimmte Zeit gibt: eine Zeit zum Weinen, eine Zeit für die Klage und eine Zeit für den Tanz; eine Zeit zum Umarmen und eine Zeit die Umarmung zu lösen; eine Zeit zum Suchen und eine Zeit zum Verlieren; eine Zeit zum Schweigen und eine Zeit, zum Hassen; eine Zeit für den Krieg und eine Zeit für den Frieden. Und es gibt auch eine Zeit zum Sterben, zum Abernten, wie es auch einmal eine Zeit zur Geburt gab (vgl. Koh 3,1–8). Und wenn wir nun nach einem bildhaften Vergleich suchen möchten, um das Altern und den Tod zu veranschaulichen, dann könnte dafür das Bild der herbstlichen Ernte am geeignetesten sein. Der Herbst bringt die Natur, die Bäume und Früchte zur Vollendung, den Weintrauben gibt er noch die letzte Süße, bevor sie abgepflückt werden, die Früchte läßt er voll sein, bevor sie reif vom Baume fallen. Davon erzählt auch Rilke in seinem bereits erwähnten Gedicht »Herbsttag«.

Ich glaube, man darf von unserer Verstorbenen sagen, sie sei reif und voll gewesen, wie Bäume und Früchte für die Ernte voll und reif sind. Sie ist reif für das Kommen des Herrn gewesen, von dem es heißt, er wird unerwartet kommen, aber selig die Knechte, die er wachend antrifft, wenn er kommt; er wird sie am Tisch Platz nehmen lassen und sie alle bedienen (vgl. Lk 12,36–37).

Unsere Schwester M. gehörte nicht zu den Menschen des öffentlichen Lebens, auch nicht zu denen, die im Rampenlicht des gesellschaftlichen Geschehens stehen. Sie lebte eher zurückgezogen und still im Kreise ihrer eigenen Familie und einiger weniger fast gleichaltriger Freunde. Aber sie ist auf ihre schlichte Art und Weise auch groß gewesen:

groß durch die Treue zu Gott und zu den täglichen Aufgaben, die sie in ihrem Leben übernommen hatte und nach ihrem besten Wissen und Gewissen zu erfüllen bemüht war. Es war ein rührendes Bild, sie zu sehen, wie sie selbst trotz ihres hohen Alters, aufmerksam und besorgt ihre Freundin, die nicht mehr sehen konnte, zum Altar, zur Kommunion führte. Trotz ihres hohen Alters nahm sie regelmäßig an den Gottesdiensten und Begegnungen der Senioren teil.

Die Krankheiten der letzten Zeit sind nicht spurlos an ihr vorbeigegangen. Kaum aber aus dem Krankenhaus entlassen, machte sie sich auf einen langen Weg, um einem ihrer Neffen eine Überraschung und Freude zu bereiten, ihm persönlich zum Geburtstag zu gratulieren. Von dieser Reise kam sie nicht mehr zurück. Sie hatte einen Tod, von dem man sagen darf, es sei ein schöner Tod gewesen, nach einem reichlich erfüllten Leben. Von ihrer letzten Reise ist sie nicht mehr in ihre irdische Wohnung zurückgekehrt; wir hoffen, sie ist in die Wohnungen Gottes eingegangen.

Mit dem Kreuzzeichen, das ihr einmal am Anfang ihres Lebens auf die Stirn gezeichnet worden ist, begleiten wir sie nun zur Stätte ihrer ewigen Ruhe. Möge für sie das gelten, was sich hinter den Buchstaben IHS, die oft auf den Kreuzen zu lesen sind, verbirgt. Sie gelten für die lateinischen Worte: Jesus Hominem Salvator, was so viel heißt wie: Jesus, Erlöser des Menschen.

Die Uhr, die zurückgegeben wird

(Bei der Beerdigung eines 84jährigen kirchlich engagierten Firmeninhabers)

»Wie ein Weber hast du mein Leben zu Ende gewoben, du schneidest mich ab wie ein fertig gewobenes Tuch«, heißt es in der Bibel, im Buch des Propheten Jesaja (38,12). Und in der Tat, so läßt sich auch das menschliche Leben umschreiben, es ist wie ein Tuch, das gewoben wird, einmal kürzer, ein andermal länger, bis die Zeit kommt, daß es abgeschnitten wird und fällt. Wohin fällt unser Leben? Eine Frage, die sich jedem von uns angesichts des Todes aufdrängt. Und es gibt darauf gewiß mehrere Antworten, mit einem breit gefächerten Inhalt. Für den glaubenden Christen bedeutet der Tod das Fallen in die Hände Gottes. Und ein glaubender Christ ist unser Bruder J. gewesen.

Gott hat ihm ein verhältnismäßig langes Leben geschenkt. Vor fast vier Jahren durfte er (im Kreise seiner Familie) seinen 80. Geburtstag feiern und aus diesem Anlaß schenkten ihm seine Kinder ein Album, ein Erinnerungsheft mit den einzelnen Etappen seines Lebensweges. Bilder und ein entsprechender Text zeichnen seinen Lebensweg von der Geburt bis zum 80. Geburtstag nach. Es erzählt von den Geburten der fünf Kinder, von der familiären Idylle, die durch den Krieg zerstört wird. Es erzählt von den Umzügen, dem Bau der Häuser, von dem beruflichen Werdegang, von den familiären Festen, von der silbernen und goldenen Hochzeit der Eheleute J., dann aber auch von der Übergabe der Geschicke der Firma an den Sohn. Das Heft endet mit einem herzlichen Dank für alles Gute, für die Liebe, die die Kinder von ihren Eltern erfahren durften. Heute können wir diesem Heft noch ein weiteres Datum beifügen, es ist das Datum des Tages, an dem das damalige Geburtstagskind nicht nur seine Firma, sondern auch sein Leben in andere Hände, in die Hände Gottes übergeben hat. Ein Leben, in dem er sich immer an der Hand Gottes hielt und von dieser Hand auch führen ließ. Ein Satz, der in dem zitierten Heft nach der Eheschließung der Eheleute J. zu lesen ist, gibt, ohne etwas zu übertreiben, den Glaubensweg unseres Bruders J. wieder. Er lautet: »Damit begann ein gemeinsamer Lebensweg, im Glauben begründet, der half, alle Opfer und Erschwernisse zu überwinden und eine glückliche Familie zu formen.« Wir, die wir unseren Bruder J. kannten, können sagen, daß sein Leben in der Tat ein Leben gewesen ist, das von Gottvertrauen durchdrungen war. Es spielte sich in zwei Perspektiven ab: in der vertikalen und der horizontalen, im Gottesdienst und im Dienst an den Mitmenschen. Es war ein Leben, das von der benediktinischen Regel »ora et labora«, von dem Gebet und der Arbeit bestimmt worden ist. Und was jetzt? Ist alles aus?, mag sich manch einer fragen.

Für einen Christen gewinnen die Worte eine besondere Bedeutung, die der evangelische Theologe Bonhoeffer kurz vor seiner Hinrichtung an seine Zellengenossen richtete: »Das ist das Ende, für mich der Beginn des Lebens.« In der Tat, der Tod beendet unser Leben in dieser Welt, ein Leben, das sich in der Dimension der Zeit abspielt, aber er leitet auch ein neues Leben ein, ein Leben jenseits dieser Welt, und auch jenseits der Dimension der Zeit. Sehr anschaulich brachte diese Wahrheit der Meister zum Ausdruck, der die kunstvolle Uhr des Straßburger Münsters schuf. Da schlägt der Tod die Stunden an, aber Christus thront darüber als Herr über die Zeit, über Leben und Tod. Denn Christus ist es, der den Menschen vom Tod zum Leben führt, von der Zeit in die Ewigkeit. Von dieser

Hoffnung war das Leben unseres Bruders J. begleitet. Er lebte nicht nur von der Hoffnung, es werde wieder mit seiner Gesundheit aufwärts gehen, er wußte, daß es für diese Hoffnung eine Grenze gibt. Glücklich schätzen kann sich der Mensch, für den es noch eine andere Hoffnung, eine Hoffnung jenseits der Dimension der Zeit gibt. Er kann dann ähnlich ruhig seine Uhr abgeben, wie dies unser Bruder J. tat, als er beim letzten Besuch seiner Frau im Krankenhaus ihr seine Armbanduhr mit den Worten übergeben hat: »Nimm die Uhr mit, ich brauche sie nicht mehr.« Eine zeichenhafte Geste. Als mir dies seine Frau erzählte, mußte ich unwillkürlich an die letzten Worte der bekannten Ballade von Carl Loewe über die Uhr denken. Dort heißt es: »Doch stände sie einmal stille (die Uhr) ... Dann müßt ich zum Meister wandern, der wohnt am Ende wohl weit, wohl draußen, jenseits der Erde, wohl dort in der Ewigkeit! Dann gäb ich sie ihm zurükke mit dankbar kindlichem Fleh'n: Sieh' Herr, ich hab' nichts verdorben, sie blieb von selber steh'n.« Ich glaube, wir dürfen von unserem Bruder J. sagen, daß er mit ruhigem Gewissen dem Herrn antworten kann: »Ich gebe Dir, Herr, in Dankbarkeit mein Leben, das mir meine Uhr fast 84 Jahre lang messen durfte, erfüllt zurück. Ich gebe es zurück, weil es nur ein auf Zeit geliehenes Geschenk gewesen ist.«

Wenn es auch verständlicherweise der Schmerz ist, den Sie heute besonders empfinden, sehr verehrte Familie des Verstorbenen, mögen Sie aber auch vom Gefühl der Dankbarkeit erfüllt bleiben, der Dankbarkeit dafür, daß Sie Ihren lieben Verstorbenen, mit dem Sie durch unterschiedliche Bande verbunden blieben, solange in Ihrer Mitte haben durften. Mögen Sie heute das gleiche empfinden, was Sie Ihrem lieben Verstorbenen zum 80. Geburtstag in das Heft geschrieben haben: »Unter großer Anteilnahme wurde diese Feier in würdigem Rahmen gestaltet

... verbunden mit einem herzlichen Dankeschön für alles Gute, das wir durch ihn erfahren haben.«
Und an Sie, liebe Frau J., möchte ich mich noch besonders wenden. Sie lebten mit Ihrem Mann 58 Jahre in der Ehe zusammen, und man braucht nicht über eine große Vorstellungsfähigkeit zu verfügen, um zu erahnen, wie schwer für Sie dieser Abschied ist. Gewiß wird Gott Ihnen weder Ihre Trauer noch Ihren Schmerz wegnehmen können und wollen, denn beide müssen ausgestanden werden; er wird Sie aber mit seiner Verheißung stärken und trösten. Die christliche Hoffnung, von der Sie Ihr ganzes Leben lang getragen worden sind, möge sich in diesen Tagen besonders als Ihre Kraft und Ihr Trost erweisen. Diese Hoffnung drückt auch Ihre Todesanzeige aus, in der es heißt: »Ich werde nicht sterben, sondern leben, um die Taten des Herrn zu verkünden.« Es ist eine Hoffnung auf ein Wiedersehen in einer anderen Wirklichkeit, in der Wirklichkeit Gottes.
Bekanntlich sterben in der Bundesrepublik im Laufe eines Jahres mehr Menschen als geboren werden. Manch eine Frau glaubt, sich aus materiellen Schwierigkeiten gegen ein Kind entscheiden zu müssen. In diesem Zusammenhang empfinde ich die Notiz in der Todesanzeige unseres Bruders J. erwähnenswert: »Anstelle zugedachter Blumengebinde bitten wir im Namen des Verstorbenen um eine Spende für den Sozialdienst kath. Frauen und die Beratungsstelle für werdende Mütter in Konfliktsituationen.« Diesem Wunsch des Verstorbenen kommt eine symbolische und zeichenhafte Bedeutung zu: ein Leben ist in dieser Welt zu Ende gelebt worden, aber es kann durchaus möglich sein, daß durch die Hilfe, die in Verbindung mit diesem Tod steht, ein neues Leben beginnen kann.

Das Leben, unser wichtigstes Talent

(Zum Tode eines 51jährigen Mannes; 4 Monate krebskrank)

Es gibt im Matthäus-Evangelium eine Geschichte, die ebenfalls von Lukas in etwas geänderter Form nacherzählt wird. Ich meine die Geschichte von dem reichen Mann, vielleicht einem Gutsherrn, der auf Reisen ging. Zuvor aber rief er seine Diener zu sich und vertraute ihnen sein Geld an, dem einen gab er fünf, dem anderen zwei und noch einem anderen ein Talent. Bald begannen die ersten beiden Diener mit dem Geld zu arbeiten und gewannen neues dazu, verdoppelten das ihnen anvertraute Geld sogar. Der dritte Diener dagegen vergrub sein Talent in die Erde. Nach einer gewissen Zeit kehrte der Herr zurück und verlangte von den Dienern Rechenschaft über das ihnen anvertraute Geld. Er lobte den Einsatz der beiden Diener, die so gut mit seinem Geld gewirtschaftet hatten (vgl. Mt 25,14–30; Lk 19,11–27). Diese biblische Geschichte, von Jesus selbst als ein Gleichnis erzählt, kommt mir heute in den Sinn, wo wir uns um den Sarg unseres Bruders M. versammelt haben. Nicht nur, weil er seines Berufes wegen mit Geld viel zu tun hatte und bedacht sein mußte, Gewinne zu erzielen, sondern vor allem, weil er auch um Gewinne anderer Art bemüht gewesen ist. Er verstand die ihm anvertrauten Talente gut und klug zu verwalten. Denn ein jeder Mensch kommt in die Welt mit mehreren und sehr unterschiedlichen Talenten. Unter diesen Talenten ist das Leben aber das wichtigste, mehr noch, es ist überhaupt die Voraussetzung dafür, daß wir alle unsere Talente einsetzen und anwenden können. Nach christlichem Verständnis ist das Leben eine Gabe, die uns von Gott durch unsere Eltern geschenkt wird. Es ist eine Gabe, die uns gleichzeitig zur Aufgabe wird. So verstand unser Bruder M. sein Leben. Wollten wir die Talente aufzählen, mit denen Gott unseren Bruder M. ausgestattet hatte, befürchte ich, wir könnten dies nicht vollständig tun. Es sind nicht wenige Talente gewesen, die Gott ihm geschenkt hatte, und er vergrub sie nicht in einem Loch, sondern er arbeitete mit ihnen und stellte sie den Menschen zur Verfügung, sei es in seinem beruflichen Leben, sei es auch in seinen ehrenamtlichen Diensten, auch im Bereich der Kirchengemeinde.

Unsere Zeit und unsere Welt sind reich an Möglichkeiten, unsere Talente, vor allem das Talent unseres Lebens zu verwenden. Es dürfte uns aber nicht gleichgültig sein, wie wir das Talent unseres Lebens gebrauchen, wofür wir es einsetzen, denn wir haben nur ein Leben, das unwiederholbar, untauschbar, unverwechselbar und einmalig ist. Im Vorwort zu seinem autobiographischen Buch »Wer ein Leben rettet, rettet die ganze Welt« schreibt W. Bartoszewski, der Friedenspreisträger des Deutschen Buchhandels 1986: »Auf der Straße traf ich einen Schulfreund, der im Jahre 1939 mit mir in Warschau in die gleiche Klasse gegangen war. Er hatte nach dem Krieg Medizin studiert und war ein angesehener Arzt, hatte sich jedoch ... freiwillig für den Sanitätsdienst beim Sicherheitsdienst gemeldet. Wir unterhielten uns kurz auf der Straße. Zum Schluß sagte er: ›Ich bewundere dich. Ich habe gehört, wieviel Gutes du getan hast, aber ich habe doch nur ein Leben.‹ Er hat als Arzt im Zivilberuf sicherlich vielen Menschen geholfen, aber er hatte sich auch freiwillig den Sicherheitsbehörden angeboten. ›Ich schätze dich als Arzt‹, sagte ich, ›aber ich habe auch nur ein Leben.‹« Und Bartoszewski fährt fort: »Weil wir alle nur ein Leben haben, müssen wir uns jeweils selbst auch anders entscheiden ... Wir machen

alle andere Erfahrungen ... Eine der schlimmsten Gefahren für das Zusammenleben der Menschen sind die Gleichgültigkeit und der Opportunismus. Sie sind oft böser als das Böse. In ihnen liegen die Wurzeln des Bösen ... Vielleicht ist die Gleichgültigkeit der Grund dafür, warum durch zu starke Anpassungsfähigkeit so viel Leiden in der Welt ist.« Gleichgültigkeit und Opportunismus sind unserem Bruder M. Fremdwörter gewesen. Er diente auf eine vielfältige Art und Weise den Menschen, setzte sich für sie und ihre Probleme leidenschaftlich ein. Die Menschen sind ihm nicht gleichgültig gewesen, vor allem Menschen, die in Not geraten sind und sich ratlos sich selbst überlassen fühlten. Die Motivation für sein Handeln bezog er aus dem Gebot der Nächstenliebe: »Deinen Nächsten sollst du lieben wie dich selbst« (Lk 10,27). Er sprach davon, daß ihn unter den biblischen Geschichten die Erzählung Jesu von dem barmherzigen Samariter am meisten beeindruckt hatte und dies seit seiner Kindheit. Vor allem den Abschluß dieser Geschichte, die Worte Jesu: »Dann geh und handle genauso!« (Lk 10,37), verstand er als eine persönliche Herausforderung, Anforderung Jesu an uns.
Gleich am Anfang ihres autobiographischen Buches »Das Urteil« fragt die innerlich zerrissene und oft einsame Schauspielerin und Sängerin Hildegard Knef: »Keiner sagt, wie man anständig lebt, vielleicht weiß einer, wie man anständig stirbt. Ich bin, laut Steuererklärung, eine natürliche Person und will wissen, wie man anständig stirbt.« Es ist gewiß nicht nur eine Frage von H. Knef, es ist gewiß eine Frage, die sich nicht wenige Menschen stellen. Das Christentum beantwortet diese Frage mit dem Hinweis auf die Person Jesu Christi. Es sagt, Jesus hat uns gezeigt, wie man leben kann und wie man sterben soll, indem wir unser Leben und unser Sterben in Verbindung mit seinem Leben und seinem Tod bringen. Davon spricht auch der

Apostel Paulus in seinem Brief an die Römer, als er schreibt: »Keiner von uns lebt sich selber, und keiner stirbt sich selber: Leben wir, so leben wir dem Herrn, sterben wir, so sterben wir dem Herrn. Ob wir leben oder ob wir sterben, wir gehören dem Herrn« (14,7–8).
So hat auch unser Bruder M. sein Leben und sein Sterben verstanden. So dürfen wir für ihn hoffen, daß auch ihm die Worte gelten, die der heimgekehrte Herr zu seinen beiden Dienern sprach: »Sehr gut, du bist ein tüchtiger und treuer Diener. Du bist im Kleinen ein treuer Verwalter gewesen, ich will dir eine große Aufgabe übertragen. Komm, nimm teil an der Freude deines Herrn!« (Mt 25,21).

Ihre Taten gehen mit ihnen

(Bei der Beerdigung einer 62jährigen Frau; mehrere Jahre krebskrank)

Das orthodoxe Judentum kennt einen besonderen Brauch. Wenn einer, der sich der Gemeinde verbunden fühlt, im Sterben liegt, betet die Gemeinde für ihn. Beim Gebet aber ändert man den Namen des Sterbenden, um so den Todesengel »irrezuführen«.
Doch die Wirklichkeit des Lebens und des Todes ist anders, der Todesengel läßt sich nicht irreführen. Wir erleben dies immer wieder. Vor kurzem erlebten wir das am Tode eines der bekanntesten Politiker Deutschlands. Auch ihm gegenüber hat sich die ganze Macht der Medizin als machtlos erwiesen, denn wie es einer der behandelnden Ärzte sagte: »Man muß eingestehen, daß den schicksalhaften Verlauf auch die Medizin nicht hatte aufhalten können.« Und diese Worte lassen sich auch gut auf unsere Schwester E. übertragen. Denn sie starb in einem Alter, das weit unter dem Durchschnittsalter der Lebenserwartung liegt, das in unserem Lande für die Frauen errechnet worden ist. Und sie starb, zwar von der Krankheit gezeichnet, aber dennoch zu dieser Zeit unerwartet, denn als ich mit ihr noch vor einigen Tagen sprach, da deutete nichts auf den baldigen Tod hin. Doch konnte die Medizin die Gesundheit unserer Schwester nicht mehr herstellen noch den schicksalhaften Verlauf aufhalten. Der Lauf ihres Lebens ist beendet worden. Auch sie gelangte an die Grenze, der jedes lebende Wesen entgegengeht: die Todesgrenze. Ihr Tod hat uns um ihren Sarg versammelt. Wir kamen, um für sie zu beten, ihr auf ihrem letzten Weg ein betendes Geleit zu geben und auch selbst ein wenig über

Leben und Tod nachdenklich zu werden. Versteht sich, daß wir in dieses Nachdenken auch unsere verstorbene Schwester E. einbeziehen. Denn ein jeder Tote hinterläßt uns ein Testament. Es ist nicht nur das Testament, mit dem er über seinen materiellen Nachlaß verfügt, sondern es ist vor allem das Testament, das Zeugnis seines Lebens, was er getan oder auch unterlassen hat.

Als ein Unterwegssein wird das menschliche Leben verstanden. Jedes Unterwegssein hat einen Anfang und ein Ende. Der Weg unserer Schwester nahm seinen Anfang in Schlesien. Sehr bald wurde er durch die Kriegsereignisse beeinträchtigt und führte sie nach dem Kriege nach T. Ein markanter Punkt auf diesem Wege war die Ehe, aus der zwei Söhne hervorgegangen sind. Doch bald wurde die junge Familie von einem tragischen Schicksal heimgesucht: der Ehemann der Verstorbenen und Vater zweier kleiner Kinder verunglückte kurz vor Weihnachten tödlich. Die junge Ehefrau und Mutter brach nicht unter der Last des Unglücks, unter ihrem Leid und Schmerz, zusammen, sie litt es aus und widmete sich der Erziehung ihrer beiden Söhne. Die frühe Witwenschaft war gewiß ein sehr steinerner Abschnitt ihres Lebensweges. Dem schien dann zunächst ein etwas günstigerer Abschnitt zu folgen, sie heiratete zum zweiten Mal, die Söhne wurden selbständig, einer von ihnen gründete eine eigene Familie. Doch dieses Glück währte nicht lange. Bald machte sich eine tückische Krankheit bemerkbar, die den weiteren Lebensweg unserer Schwester E. kennzeichnet, und auch dazu führte, daß dieser Weg verfrüht abgebrochen, beendet worden ist.

Dieser Lebensweg, den man als den äußeren bezeichnen kann, läßt sich leicht nachzeichnen, denn er wird durch einige Daten und äußere Ereignisse markiert. Neben diesem Weg geht ein jeder Mensch noch einen anderen, einen inneren Lebensweg, der meistens unseren Augen verborgen bleibt. Er läßt sich nur erahnen und an einigen Zeichen ablesen. Zum Bereich dieses Weges gehört der Glaube. So könnte man ihn auch den geistigen, oder den Glaubensweg nennen. Diesen Weg ist auch unsere Schwester E. gegangen. Er begann bei ihr mit der Taufe. Alle Sakramente, die sie in ihrem Leben empfangen hatte, einschließlich der Krankensalbung, gehören zu diesem Weg. Hierhin gehört die Kraft, mit der sie ihren Schmerz nach dem tragischen Tod ihres ersten Mannes überstand, hierhin gehört die Art, wie sie mit ihrer tückischen Krankheit lebte, hierhin gehören auch die Werte, die sie ihren beiden Söhnen vermittelte. Sie tat das nicht nur mit Worten, sondern vor allem durch das Beispiel ihres eigenen Lebens. Sie ist der ruhende Pol, die Mitte ihrer Familie gewesen. Zu diesem Weg gehören auch ihre Gebete, der Gottesdienst, an dem sie regelmäßig teilnahm. Hierhin gehören ihr Vertrauen, ihre Hoffnung und ihre Liebe zu Gott und zu den Mitmenschen. Hierhin gehört gewiß noch manches andere, was unseren Augen verborgen und nur Gott allein bekannt bleibt.

Der große französische Schriftsteller Julien Green erzählt in der Autobiographie seiner jungen Jahre auch vom Tod seiner Mutter. Sie starb plötzlich, an Weihnachten, als er erst 14 Jahre alt war. Der Arzt, der eben das Zimmer seiner Mutter verlassen hatte, begegnete ihm auf den Treppen des Hauses: »Du weißt es, es ist aus. Es gibt keine Hoffnung mehr« – kündete er ihm den Tod seiner Mutter an.

Ein solches Ende erwartet einen jeden von uns, denn jeder innerweltlichen Hoffnung ist eine Grenze gesetzt, die Todesgrenze. Der Christ aber lebt noch von einer anderen Hoffnung. Von dieser Hoffnung sprach der bekannte evangelische Theologe Bonhoeffer, als er aus seiner Gefängniszelle abgeführt worden ist, um hingerichtet zu werden. Er ahnte es und verabschiedete sich von seinen Zellengenossen mit den Worten: »Das ist das Ende, für mich der Beginn des Lebens.«

Diese Hoffnung verkündet die Kirche angesichts des Todes. Sie tut es nicht von sich, aus eigener Kraft, sondern diese ihre Verkündigung gründet in der Person Jesu Christi, in seinem Tod, vor allem aber, in seiner Auferstehung. Von daher nimmt die Kirche den Mut, den Gläubigen zu sagen, daß ihr Leben durch den Tod nicht zerstört, sondern verwandelt wird. Von dieser Hoffnung getragen, begleiten wir unsere Schwester E. zur Stätte ihrer ewigen Ruhe. Wir verbinden damit auch unseren Dank für all ihre Güte und ihren Dienst, den sie uns in ihrem Leben entgegengebracht hatte. Sie ist ein dienender Mensch gewesen. Sie arbeitete gern und wich vor Aufgaben nicht zurück.

Als ich ihren Sohn nach einem markanten Merkmal, einem Charakterzug seiner Mutter fragte, sagte er: »Sie arbeitete immer, Arbeit könnte ihr Erkennungszeichen sein.« Nun hat sie ihre Arbeit beendet. Es lassen sich auf sie gut die Worte aus der Offenbarung, die wir als Lesung gehört haben, anwenden: »Selig sind die Toten, die im Herrn sterben ... sie sollen ausruhen von ihren Mühen; denn ihre Taten gehen mit ihnen« (Offb 14,13).

Der Traum von der Unsterblichkeit

(Zum Tode eines alten Mannes nach langer Krankheit)

In einem Roman von R. Kipling »Kim. Ein Roman aus Indien« möchte ein kleiner Junge mit dem Namen Kim, der Vater und Mutter verloren hat und sich oft allein fühlt, zu sich selbst finden. Eines Tages in einem Warteraum drängt sich ihm die Frage: »Wer ist Kim?«, besonders scharf auf. Plötzlich nähert sich ihm ein alter Mann, ein Hindu. Es kommt zu einem kurzen Gespräch zwischen dem alten Mann und dem Jungen. Dann wird plötzlich der Zug ausgerufen und der alte Mann sagt zu dem Jungen: »Gehe in Hoffnung, kleiner Bruder. Es ist ein weiter Weg bis zu den Füßen des Einen. Aber dahin wandern wir alle.«

Dahin wandern wir alle! Diese Wahrheit drückt auch das Lied aus, in dem es heißt: »Wir sind nur Gast auf Erden und wandern ohne Ruh, mit mancherlei Beschwerden der ewigen Heimat zu«, das in Verbindung mit Sterben und Tod gesungen wird. Dieses Lied sagt etwas Wesentliches über den Menschen und sein Leben aus: unser Leben hier in dieser Welt ist nur ein Gastsein. Und Gastsein bedeutet, keine feste Bleibe haben, sondern sich nur vorübergehend aufzuhalten, bedeutet Kommen und Gehen. In der Tat, ein Kommen und ein Gehen ist unser Leben. Wir kamen, weil uns Gott durch unsere Eltern zum Leben berufen hat, und wir gehen, weil er uns wieder ruft.

»Der Mensch ist ja keine feste und dauernde Gestaltung, er ist vielmehr ein Versuch und Übergang« – schrieb einmal H. Hesse. Diese Wahrheit erfahren wir besonders schmerzhaft und deutlich, wenn wir mit dem Tod konfrontiert werden, wenn wir uns um einen Sarg versammeln. So wie heute, wo wir uns um den Sarg unseres Bruders B. versammelt haben. Zugleich werden wir uns einer urmenschlichen Sehnsucht und Hoffnung bewußt, der Sehnsucht und der Hoffnung nach etwas Dauerhaftem und Unzerstörbarem, nach der Unsterblichkeit. Auch unserem Bruder B. sind diese Sehnsucht und Hoffnung nicht fremd gewesen. Zunächst sind es die Sehnsucht und die Hoffnung nach noch ein paar Jahren Leben in dieser Welt gewesen. Eine verständliche Sehnsucht und Hoffnung. Darüber hinaus aber auch die Sehnsucht und Hoffnung, nicht nur ein Versuch und Übergang zu sein. Seit ihren Anfängen träumen die Menschen den Traum, nicht nur Versuch und Übergang zu sein. Es ist der Traum von der Unsterblichkeit. Bereits in einem der ältesten schriftlichen Werke der Menschheit, in dem babylonischen Epos von Gilgamesch, wird einerseits die Erfahrung der Vergänglichkeit, andererseits aber auch der Drang, die Unsterblichkeit zu erringen, sehr anschaulich und eindrucksvoll beschrieben. Dieser Drang nach Unsterblichkeit, der in der Bemühung um die Verlängerung des irdischen Lebens seinen Ausdruck findet, begleitet die Menschheit von ihren Anfängen bis zur Gegenwart. Die Anstrengungen und Erfolge der Medizin sind auf diesem Gebiet unbestreitbar. Wenn wir nur an die Herztransplantationen denken. Und ich denke hier ganz konkret an Emmanuel Vitria, den Menschen, der mit einem fremden Herzen achtzehn Jahre lang gelebt hatte. Achtzehn Jahre lang hat er mit medizinischer Hilfe den Tod überlisten, oder, wenn wir es wollen, verzögern können. Doch ganz aus dem Wege konnte er dem Tode nicht gehen. Wir können auch nicht sagen, um wieviel Jahre die Medizin das Leben unseres Bruders B. verlängert hätte, wie sie auch unbestreitbar das Leben vieler Menschen verlängert. Dennoch, den Tod überlisten werden wir nie. Auch Gott wollte den Tod weder überlisten noch umgehen, sondern lieferte sich ihm in der Person seines Sohnes Jesus Christus aus. Dadurch erst wurde der Tod bezwungen. So konnte der Apostel Paulus schreiben: »Gott aber sei Dank, weil er uns den Sieg schenkt durch unseren Herrn Jesus Christus« (1 Kor 15,57).

Unser Bruder ist ein Christ gewesen, denn er wurde auf den Namen Christi und auf seinen Tod getauft, so nimmt er auch teil an dem Sieg Christi über den Tod. Es gibt nicht wenige Antworten auf die Frage, wer wohl ein Christ sei. Eine paulinische Kurzformel lautet: »Christen sind die, die Hoffnung haben« (vgl. 1 Thess 4,15; Eph 2,12). Es ist keine geringe Hoffnung, sondern diese, daß Gott dem Menschen, den er zum Leben berufen hat, sein Leben nicht durch den Tod zerstören, sondern in ein neues umwandeln wird, denn derselbe Paulus schreibt an die Römer u. a.: »Wenn der Geist dessen in euch wohnt, der Jesus von den Toten auferweckt hat, dann wird er, der Christus Jesus von den Toten auferweckt hat, auch euren sterblichen Leib lebendig machen« (Röm 8,11).

Von unserem Bruder B. dürfen wir hoffen, nachdem seiner Hoffnung auf ein noch längeres Leben in dieser Welt durch den Tod eine Grenze gesetzt worden ist, daß der Gott, der Christus von dem Tode auferweckt hat, auch ihn zum ewigen Leben auferwecken wird.

II. Zwischen An-Klage und Hoffnung

Der Tod – plötzlich und unerwartet

Warum weinst du denn, Mutti ...?

(Zum Tod eines 12jährigen Mädchens nach einem Unfall)

Die Bibel erzählt gleich auf ihren ersten Seiten eine Geschichte, die nach unserem Empfinden grausam zu sein scheint. Ich meine die Geschichte von Abraham und seinem Sohn Isaak. Kaum ist der heiß ersehnte und erwartete Erbe da, verlangt Gott von seinem Vater, er solle ihm seinen Sohn als Brandopfer darbringen. Zwar leitet der biblische Autor die Geschichte mit den Worten ein: »Gott stellte Abraham auf die Probe« (Gen 22,1), aber weder ahnte Abraham, daß es nur eine Probe sein sollte, noch scheint uns die Probe angemessen zu sein. Gott verlangte von ihm das Kostbarste und Teuerste, was er besaß, seinen einzigen Sohn, seinen Erben. Dadurch sah es so aus, als ob Gott sein Versprechen brechen würde, das er einst Abraham gegenüber gemacht hatte, als er davon sprach, er werde seine Nachkommen so zahlreich wie die Sterne am Himmel und den Sand am Meeresufer machen. Und es heißt in der Bibel: Abraham tat, was Gott ihm befohlen hatte, er nahm seinen Sohn und begab sich auf den Berg, den Gott ihm genannt hatte. Den Ausgang der Geschichte kennen wir. Es gab ein glückliches Ende, Gott beließ es bei der Probe und verzichtete auf das Opfer Abrahams.
Es gab aber kein glückliches Ende für die Eltern von M., die Gott ebenfalls auf eine harte Probe stellte. Diesmal verzichtete er nicht auf ihr Opfer, sondern ließ sich dieses Opfer bis zum Ende vollbringen, denn er verlangte von Ihnen, liebe Eltern der M., Ihre Tochter; er nahm ihr das irdische Leben, das er ihr durch Sie vor zwölf Jahren geschenkt hatte. Natürlich läßt sich die Frage: »Warum?« im

Zusammenhang mit diesem Tod nicht umgehen. Aber glauben Sie mir, ähnlich wie Sie stehe auch ich dieser Frage ratlos und fassungslos gegenüber, wie auch den Umständen des unglücklichen Todes.
In einem der Lieder, die wir manchmal in Verbindung mit Tod singen, heißt es: »Was Gott tut, das ist wohlgetan.« Und wenn wir uns auch sonst mit dem Inhalt dieses Liedes identifizieren können, so würde uns dies heute kaum gelingen. Heute verstehen wir Gott nicht. Nicht nur uns geht es so, denn laut einer Umfrage meinen fast die Hälfte jener, die sich als Ungläubige verstehen, das Leid, das Gott zuläßt, sei die Ursache ihres Unglaubens. Auch Ijob verstand Gott nicht mehr, als er zunächst sein Hab und Gut verlor und Gott ihm alle seine Kinder, es waren sieben Söhne und drei Töchter, wegnahm. Von da an, als sich noch zu dem bereits ereigneten Unglück eine schwere Krankheit beigesellte, war Ijob der unglückliche und der leidende Mensch, ein Mann, dem das Herz gebrochen wurde. Der von Unglück und Unheil heimgesuchte Ijob ist in die Geschichte als eine Symbolfigur für das menschliche Leid eingegangen. Er will aber das, was ihm widerfährt, nicht ohne weiteres hinnehmen. Er streitet mit Gott, er befragt ihn, warum eben er so leiden muß. Drei Freunde kommen und sind bemüht, ihm seine Fragen zu beantworten, aber ihre Antworten nimmt Ijob nicht an. Er klagt Gott an, beschuldigt ihn der Ungerechtigkeit, greift ihn an und kann sich nicht mit seiner Weltordnung abfinden. Dennoch hält er an Gott fest, läßt von ihm nicht ab, denn er weiß, wenn er sich von Gott trennt, dann ist er sich ganz allein überlassen und verloren. Letztendlich aber fügt er sich seinem Schicksal, ist bereit, es hinzunehmen. Gott rechnet ihm dies an und befreit ihn von seinem Unheil. Es heißt von ihm: »Der Herr segnete die spätere Lebenszeit des Ijob mehr als

seine frühere« (Ijob 42,12). Gott gab dem Ijob eine Zukunft.
Warum ich so ausführlich auf die Geschichte Ijobs eingehe? Weil mir seine Leidensgeschichte, sein Aufbegehren gegen Gott, seine Fragen an ihn, aber auch das Schweigen Gottes und das Festhalten Ijobs an Gott trotz des Schweigens durchaus in die Situation zu passen scheint, mit der die Eltern von M. durch ihren Tod konfrontiert sind. Wenn Sie, liebe Eltern v. M., auch Gott zunächst weder begreifen noch verstehen können, von ihm gern eine Antwort hören möchten, warum er Ihnen dies angetan hat, und wenn er sich in Schweigen hüllt, so ist er dennoch auch ein Gott, der tröstet. Diese Erfahrung machte bereits der Autor, der diese Worte des Gebetes schrieb: »In der Bedrängnis rief ich zum Herrn; der Herr hat mich erhört und tröstete mich« (Ps 118,5).
Hoffnung und Trost möchte die christliche Botschaft vermitteln, die angesichts des Todes verkündet wird. Es ist die Botschaft von der himmlischen Wirklichkeit, einer Wirklichkeit, von der es heißt, daß kein Auge gesehen und kein Ohr gehört hat, noch einem Menschen in den Sinn gekommen ist, was Gott denen bereitet hat, die ihn lieben (vgl. 1 Kor 2,9). Vielleicht hätte M. zu uns allen jetzt ähnlich gesprochen, wie jener zehnjährige Junge, von dem der bekannte Chirurge Prof. H. Killian in seinem Erinnerungsbuch »Hinter uns steht nur der Herrgott« in einer der Geschichten erzählt. Es wurde ins Krankenhaus ein sterbender zehnjähriger Junge gebracht. Seine Mutter – er war ihr einziges Kind – kam laut weinend an und brach an seinem Bett zusammen. Und da sagte dieser zehnjährige Junge: »Warum weinst du denn, Mutti, ich komme doch in den Himmel. Das hast du mir doch selber gesagt.« Und Prof. Killian bemerkt dazu: »Sehen Sie, so müßte man glauben können.« In der Tat, ein Glaube, der vertrauens-

voll in die Zukunft blickt, eine Zukunft, die auch der Tod nicht zu zerstören vermag. Der christliche Gott ist ein Gott, der Zukunft schenkt, eine innerweltliche und eine Zukunft im Jenseits. Für die innerweltliche Zukunft benötigen wir oft viel Mut und Kraft, vor allem, wenn wir uns durch Ereignisse und Schicksalsschläge mutlos und entkräftet fühlen, wie es gewiß auch in Ihrem Falle, liebe Eltern von M., sein kann. Doch wenn uns dies zunächst kaum verständlich zu sein scheint, gelten auch Ihnen diese Worte: »Nahe ist der Herr den zerbrochenen Herzen, er hilft denen auf, die zerknirscht sind« (Ps 34,19).

Mitten im Leben sind wir vom Tod umgeben

(Zum Tod eines 19jährigen Schülers nach einem Autounfall)

»Mitten im Leben sind wir vom Tod umgeben«, heißt es in einem der Lieder, die wir oft bei Trauerfeiern singen. Daß diese Worte heutzutage oft ihre Bestätigung finden, erleben wir täglich auf den Bildschirmen unserer Fernsehgeräte, erfahren wir aus den Pressemeldungen und Todesanzeigen, die wir jeden Tag in den Zeitungen nachlesen können. Wir nehmen aber diese Todesfälle verhältnismäßig gelassen zur Kenntnis, denn sie betreffen uns nicht direkt, und in den meisten Fällen handelt es sich um Menschen, die ein Alter erreicht hatten, in dem der Tod keine Überraschung mehr ist. Anders dagegen die Nachricht, die uns in diesen Tagen erreichte, daß M. in der Nacht mit seinem Auto auf der Straße, nach einer Feier mit Klassenfreunden, tödlich verunglückt ist. Diese Nachricht löste Bestürzung aus und machte uns alle zunächst sprach- und fassungslos. Am Tage, an dem er seine erste Arbeit für die Reifeprüfung, das Abitur, schreiben sollte, tragen wir ihn zu Grabe. Gott befand ihn so früh, nach unserem Ermessen viel zu früh, für reif, seinem Ruf zu folgen.

Natürlich bleiben in Verbindung mit einem jeden Tod, besonders aber mit einem Tod dieser Art und in diesem Alter viele Fragen offen, Fragen, die wir uns gegenseitig, vor allem aber Gott stellen möchten. Auch ich hätte eine Menge von Fragen, die ich Gott in diesem Zusammenhang gern stellen würde. Ich bezweifle aber, ob er mir diese Fragen beantworten möchte. Er hat sie auch nicht dem Ijob beantwortet, der ihn mit seinen Fragen nach dem »Warum?« seines Leidens leidenschaftlich bedrängt hatte. Erst als er sich beruhigte, vernahm Ijob die Antwort Gottes. Aber es war keine Antwort auf seine Frage »Warum?«, sondern Gott hat ihm lediglich die Augen für den Reichtum seiner unermeßlichen Schöpfungsmacht geöffnet. Ijob hatte begriffen, daß man den wütenden Schicksalsschlägen nicht die Stirn trotzig bieten, sondern sie nur durch Annehmen entwaffnen kann. Ijob legt seine Hand auf den Mund. Bis dahin kannte er Gott vom Hörensagen, jetzt ist er ihm Auge in Auge durch sein Leid begegnet. Ähnlich ist nicht nur M., sondern sind auch seine Eltern und Geschwister Gott Auge in Auge begegnet.

Einer Lehre aus der Ijobs-Geschichte folgend, bitte ich um Ihr Verständnis, wenn ich die Frage, warum M. sterben mußte, gar nicht anspreche, denn ich fühle mich außerstande, Ihnen, liebe Eltern und Trauergemeinde, noch mir eine geeignete und passende Antwort zu geben. Wir sind überhaupt kaum fähig, die Frage zu beantworten, warum so viele Menschen unter den unterschiedlichsten Umständen sterben müssen, an Orten und Zeiten, wo sie den Tod noch gar nicht erwartet haben, im Gegenteil, wo sie sogar wähnten, ihr Glück gefunden zu haben, wie jene amerikanische Lehrerin, die unter den mehr als elftausend Lehrerinnen und Lehrern sich für einen Platz in der Raumfähre »Challenger« beworben hatte. Danach gefragt, warum eben sie dafür ausgewählt wurde, führte sie ihre Wahl auf ihr Glück zurück und meinte, sie sei immer zur rechten Zeit am rechten Ort gewesen. Ihr Schicksal, das eng mit dem Bild der explodierenden »Challenger« verknüpft bleibt, ist uns gut bekannt.

Wenn Gott einen Menschen zu sich ruft, befindet er ihn wahrscheinlich für reif für diesen Ruf; Ort und Zeit, wo und wann dieser Ruf ergeht, spielen dabei anscheinend eine untergeordnete Rolle. So ruft er Menschen auch in einem Alter, in dem sie selbst mit einem solchen Ruf noch gar nicht gerechnet haben, in dem ihre ganze Hoffnung und ihre Pläne auf die innerweltliche Hoffnung ausgerichtet sind. Was durchaus verständlich und natürlich ist. Doch Gott durchkreuzt diese Zukunft und diese Pläne. Heute, in der Zeit der Technik, tut er dies öfters unerwartet, als es zu einer anderen Zeit der Menschheitsgeschichte gewesen ist. Wenn er uns auch die Pläne sehr früh aus der Hand reißt und durchkreuzt, so zerstört er nicht unsere Hoffnung auf eine qualitativ andere Zukunft, auf die Zukunft, zu der uns der Glaube den Zugang öffnet. Es ist die Zukunft, von der auch Jesus oft gesprochen hat und zu der er uns den Weg durch seinen Tod und seine Auferstehung geöffnet hat.

Liebe Eltern des M.! Der christliche Glaube, das darf ich so ohne weiteres sagen, nimmt in Ihrem Leben einen wichtigen Platz ein. Es ist ein praktizierter und gelebter Glaube, der durch diesen Tod erschüttert werden kann. Wen dürfte dies wundern? Andererseits aber eröffnet dieser Tod eine andere Dimension des Glaubens, eine Dimension, wo das Kreuz stärker in Erscheinung tritt, mehr Raum nimmt, ähnlich wie im Leben jener Familie, die ihren zwanzigjährigen Sohn ebenfalls durch einen Unfall verloren hatte und die Mutter in einem Brief an eine christliche Zeitschrift diese Worte schrieb: »Wenn wir am Karfreitag während der Kreuzverehrung das Knie beugen, anerkennen wir symbolisch die Notwendigkeit des Kreuzes in unserem Leben. Wir vollziehen in jedem Jahr diese Handlung neu – aber dann ist plötzlich die Situation da, wo wir aufgefordert sind, dieses Symbol zu einer Lebenshaltung werden zu lassen. Ein Familienmitglied, jung und voller Lebensfreude, wurde von uns genommen. Für lange Zeit ist ein Gefühl von Verlassenheit, Dunkelheit, ein immer neues Aufbäumen und die quälende Frage nach dem

Warum da ... Häufig taucht die Frage auf: Du bist doch Christ. Warum spürst du oft so gar keinen Trost? In dir ist alles nur dumpf, kalt und ungeordnet. Viel später dann, ganz langsam, wird es wieder möglich, ruhiger an den Toten zu denken, seine Persönlichkeit neu zu erspüren – ... In dem Maße, in dem der Schmerz ruhiger und gelöster wird, hat sich das Bewußtsein geschärft für die Leiden anderer ... Vielleicht ist es letztlich dies: Trauer ist die Chance, sensibler zu werden für anderes Leid. Sie läßt uns erfahren, daß wir angefochten und erlösungsbedürftig sind, Menschen unter dem Kreuz.« Vielleicht können diese Worte einer von ähnlichem Leid betroffenen Mutter und Familie Ihnen, liebe Eltern des M., ein wenig Hilfe, Trost und Zuversicht vermitteln, vielleicht mehr als dies Menschen tun können, denen die Erfahrung eines solchen Leides erspart geblieben ist.

Bedenke Mensch, daß du Staub bist

(Bei der Beerdigung einer 58jährigen Frau nach schwerer Krankheit)

Der bekannte evangelische Theologe Helmut Thielicke erzählt folgende Geschichte aus seiner Kindheit: Als kleiner Junge habe er sich lange vergeblich einen Leiterwagen gewünscht, bis schließlich die Großmutter dem steinerweichenden Flehen erlag und das gewünschte Wägelchen kaufte. »Ich war so selig, daß ich es kaum noch ertragen konnte ... Der Vater empfing mich mit seinen Glückwünschen. Als er den Wagen dann die Treppe hinauftrug, brach ich in Tränen aus, nachdem ich eben noch so gestrahlt hatte. Auf diesen jähen Wechsel konnte er sich keinen Reim machen, so daß er mich etwas indigniert anfuhr: ›Warum brüllst du denn, Helmut, wo du doch eben den schönen Wagen gekriegt hast?!‹ Ich weiß noch genau, daß ich ihm antwortete: ›Einmal geht er ja doch kaputt!‹«
Und Thielicke sagt, daß ihn mitten im größten Glück der Schrecken der Endlichkeit überfallen habe. Obwohl er noch klein war und keine Ahnung vom Leben hatte, überfiel ihn plötzlich das Wissen um die Vergänglichkeit. Gerade weil er seinen Wagen so unbeschreiblich liebte, erschütterte ihn der Gedanke, daß er dereinst auf dem Schrotthaufen enden würde.
An diese Wahrheit, die Wahrheit der Vergänglichkeit des Lebens, werden katholische Christen Jahr für Jahr erinnert, wenn ihnen am Aschermittwoch auf die Stirn die Asche aufgelegt wird, und der Priester dabei die Worte spricht: »Bedenke, Mensch, daß du Staub bist und wieder zum Staub zurückkehren wirst.« Zugegeben, es ist eine schmerzhafte und erschütternde Erinnerung, gleichzeitig

aber auch eine mutige, denn sie geht nicht an der Realität der menschlichen Wirklichkeit vorbei.
So sind auch wir heute mit dieser Wirklichkeit direkt konfrontiert worden, denn wir haben uns um einen Sarg versammelt, den Sarg unserer Schwester E.
Unsere Schwester E. starb in einem Alter, in dem man noch von der innerweltlichen Hoffnung lebt, in dem man noch Pläne für die innerweltliche Zukunft schmiedet, denn statistisch gesehen starb sie um mehr als zwanzig Jahre zu früh. Aber dies ist eben die Tücke, gleichzeitig auch das Gesetz und das Recht des Todes, er fragt weder nach dem Alter noch nach der Statistik, sondern holt sich Menschen beliebig aus diesem Leben heraus, setzt dem Leben in dieser Welt ein Ende, eine Grenze, zerstört jede Hoffnung und reißt uns alle Pläne aus den Händen. Denn, wie es bei Thomas Mann in seinem Roman »Buddenbrooks« im Zusammenhang mit der Krankheit und dem darauffolgenden Tod der Frau Konsulin heißt: »... es kommt ein Augenblick, von dem an die Hoffnung der Angehörigen etwas Künstliches und Unaufrichtiges ist.«
Im Gespräch sagten mir die Angehörigen unserer Verstorbenen Schwester: »Sie hat immer gehofft, gesund zu werden und noch ein paar Jahre leben zu dürfen.« Leider, ging diese Hoffnung nicht in Erfüllung. Und sie wird auch bei uns einmal nicht in Erfüllung gehen können, die Hoffnung auf ein paar weitere Jahre unseres Lebens. Der Tod holt alle einmal ein. Auch wir werden einmal ein Ende haben, wie jener schöne kleine Wagen, um den der evangelische Theologe Thielicke so weinte, weil er sich seiner Zerstörbarkeit bewußt geworden war. Und doch begleiten die Christen ihre Verstorbenen zu den Stätten ihrer ewigen Ruhe nicht hoffnungslos, sondern sie tun das in der Hoffnung, daß der Tod, obwohl er alle innerweltlichen Hoff-

nungen und Pläne zerstört, uns gleichzeitig in ein anderes Leben, in die Wirklichkeit Gottes hineinführt. So beten wir in der Präfation bei der Meßfeier für unsere Verstorbenen: »Und wenn die Herberge der irdischen Pilgerschaft zerfällt, ist uns im Himmel eine ewige Wohnung bereitet.«

Von einer solchen Wohnung sprach Jesus Christus, als er, in der Vorahnung seines baldigen Todes, Abschied von seinen Jüngern nahm. Er sprach von den Wohnungen im Hause seines Vaters und von den Plätzen, die er vorbereiten wird. Dann aber kommt er zurück und wird alle, die an ihn glauben, zu sich holen. Wir haben diese Worte, die er sprach, gehört: »Wenn ich gegangen bin und einen Platz für euch vorbereitet habe, komme ich wieder und werde euch zu mir holen, damit auch ihr dort seid, wo ich bin« (Joh 14,3).

So hoffen wir, daß auch unsere Schwester, nachdem sie ihre irdische Pilgerschaft beendet hat und ihre Herberge in diesem Leben abgebrochen worden ist, nun einen Platz, eine Wohnung bei Gott erhält, die ihr Christus durch seinen Tod bereitet hat.

Zur rechten Zeit am rechten Ort?

(Zum Tod eines unerwartet verstorbenen 55jährigen Mannes)

Es gibt eine bekannte orientalische Erzählung, die als »Der Tod von Samarra« überschrieben wird. Es ist die Geschichte vom Lieblingsdiener des Kalifen von Bagdad. Eines Morgens stürzt er seinem Herrn zu Füßen und schreit: »Eben in Eurem Garten stand der Tod und drohte mir. Heute abend will er mich holen. Gebt mir Euer schnellstes Pferd, damit ich ihm entfliehen kann!« Der Kalif gibt ihm sein schnellstes Pferd und der Diener reitet davon, von Bagdad ins weit entfernte Samarra. Doch dort steht der Tod und hilft ihm aus dem Steigbügel. Fassungslos schaut der Diener des Kalifen ihn an. »Warum schaust du mich so entsetzt an?« fragt der Tod, »Ich habe dir heute morgen nicht gedroht; ich hob nur erstaunt meine Hände, weil ich dich heute morgen noch in Bagdad sah und doch den Auftrag hatte, dich heute abend hier in Samarra zu treffen.«
Wenn auch die Bibel keine Geschichte kennt, die direkt als ein Pendant zu dieser Erzählung gelten könnte, so gibt es dennoch einige, die eine ähnliche Wahrheit wie die orientalische Erzählung beinhalten, daß der Herr des Lebens unerwartet, zu einer Zeit, in der man ihn noch nicht vermutet, kommt. Eine dieser Geschichten ist die von den Dienern, die auf die Rückkehr ihres Herrn warten. Wenn sie nur wüßten, zu welcher Zeit der Herr kommen wird, dann würden sie alles tun, damit er sie vorbereitet vorfindet. Da sie es aber nicht wissen, müssen sie sich ständig bereit halten. In der orientalischen Geschichte ist es der Ort, an dem der Tod nicht erwartet wird, in der biblischen

Erzählung ist es die Zeit, zu der der Herr unerwartet kommt. Ort und Zeit sind die Dimensionen, in denen sich unser irdisches Leben abspielt. Zeit und Ort sind es, die uns durch den Tod weggenommen werden. Da wir von Natur her aufs Leben ausgerichtet sind, ist es verständlich, daß es nach unserem Ermessen zum Sterben weder einen geeigneten Ort noch eine rechte Zeit geben kann. Nach unserem Verständnis kommt der Tod immer zu früh und am ungeeigneten Ort. So ist er auch zu unserem Bruder P. gekommen, viel zu früh und überraschend, er hat sich ihm weder durch eine Krankheit angekündigt, noch war er wegen eines hohen Alters vorauszusehen. Unser Bruder P. ist zwar nicht wie der Diener des Kalifen vor dem Tod weggelaufen, aber er hat auch noch nicht mit der Rückkehr des Herrn gerechnet.

Es sind gewiß nicht wenige Fragen, die sich uns mit einem noch nicht erwarteten Tod aufdrängen. Da drängt sich neben der Frage nach dem Warum? mit der gleichen Intensität auch die Frage nach dem Zufall auf. Ist es ein Zufall gewesen, daß sich unser Bruder P. bei einer ungefährlichen Hausarbeit verletzte und das, was zunächst so harmlos aussah, dann doch zu seinem unerwarteten und viel zu frühen Tod führte? Hätte dieser Tod nicht verhindert werden können? Fragen, die sich uns allen, vor allem aber den Angehörigen aufdrängen. Gewiß werden wir Fragen dieser Art weder ausreichend noch zufriedenstellend beantworten können. Fest steht, wir können weder den Ort unseres Sterbens bestimmen noch die Zeit verschieben. Heißt es nicht dazu in der Bibel: »Wer von euch kann mit all seiner Sorge sein Leben auch nur um eine kleine Zeitspanne verlängern« (Mt 6,27)? Nach unserem Verständnis gibt es für den Tod weder eine rechte Zeit noch einen rechten Ort. Unser ganzes Leben lang bemühen wir uns, dem Tod wegzulaufen, schützen uns vor ihm und sichern uns vor ihm ab. Er aber findet uns, heute, morgen, in einem oder auch in zehn Jahren, gleich ob auf der Straße, in der Wohnung, beim Spaziergang, im Bett oder bei der Arbeit. Wenn er da ist, scheinen wir am rechten Ort zu sein, und auch die Zeit scheint recht zu sein, auch wenn wir das Gegenteil davon empfinden.

Dies sind keinesfalls tröstliche Gedanken. Und blieben wir nur bei diesen Gedanken, dann könnten wir in der Tat vom Zufall als dem Faktor sprechen, der das menschliche Leben und Sterben bestimmt, der Tod bliebe dann nur ein biologisches Phänomen, ein natürlicher Vorgang. Wollen wir aber mehr über den Tod sagen, müssen wir in dieses Gespräch auch Gott einbeziehen. Dann erst erhält der Tod einen neuen Sinn. Er zerstört dann nicht nur die Dimensionen von Zeit und Raum, sondern er sprengt sie und eröffnet dem Menschen einen Zugang zu einer anderen Wirklichkeit, der Wirklichkeit Gottes, wo es weder Zeit noch Raum gibt, sondern Ewigkeit. Der Gedanke an Gott veranlaßte einmal einen frommen Mann dazu, diese hoffnungsvolle Aussage zu machen: »Ich werde nicht sterben, sondern leben« (Ps 118,17). Und viel später, als der Tod und die Auferstehung Christi bereits zum Bestandteil der christlichen Verkündigung gehörten, schreibt der Apostel Paulus in seinem ersten Brief an die Thessalonicher hoffnungsvolle und tröstliche Worte: »Wir wollen euch über die Verstorbenen nicht in Unkenntnis lassen, damit ihr nicht trauert wie die anderen, die keine Hoffnung haben. Wenn Jesus – was wir glauben – gestorben und auferstanden ist, dann wird auch Gott um Jesu willen die Verstorbenen mit ihm vereinen« (4,13–14). Im Laufe der Geschichte vermochten diese Worte vielen Menschen Trost zu spenden. Mögen sie in diesen Tagen auch Ihnen, verehrte Familie des Verstorbenen, ein wenig Trost vermitteln.

Die Liebe hört niemals auf

(Bei der Beerdigung einer jungen Frau; gestorben nach der Geburt ihres ersten Kindes)

Einer der Väter des jüdischen Volkes, der biblische Jakob, liebte seine Frau Rahel sehr. Er liebte sie, obwohl sie ihm keine Kinder schenken konnte, was nach dem damaligen Verständnis oft mit einer Strafe Gottes gleichzusetzen war. Erst nach vielen Jahren gebar Rahel ihren ersten Sohn, und sie erwartete auch ihr zweites Kind. Und als die Karawane unterwegs war, brachte sie ihren zweiten Sohn zur Welt. Der biblische Autor vermerkt dazu trocken: »Sie hatte eine schwere Geburt ... Während ihr das Leben entfloh – sie mußte nämlich sterben –, gab sie ihm den Namen Ben-Oni (Unheilskind); sein Vater aber nannte ihn Benjamin (Erfolgskind)« (Gen 35,16.18).

An diese biblische Geschichte mußte ich denken, als ich von dem Tode der jungen Mutter, unserer Mitschwester G., erfuhr. Dieser Tod erschütterte mich genauso wie viele unter Ihnen. Die Nachricht schlug wie ein Blitz ein und machte mich sprachlos; denn dieser Nachricht ist zunächst eine andere, freudige Botschaft vorausgegangen, die Botschaft von der Geburt eines gesunden Kindes, eines Mädchens. Es hieß: Mutter und Kind fühlen sich wohl, wenn auch geringe Komplikationen aufgetreten sind. Die Eltern freuten sich sehr über das Kind, über die Frucht ihrer Liebe, es war ein Erfolgskind. Doch diese Freude hielt nicht lange an, sie verwandelte sich bald in Trauer. Fassungslos stehen wir am Sarg unserer Schwester G. mit einer Menge von ungelösten Fragen, die wir Gott gern stellen möchten. Vor allem die Frage, warum er das Leben des Kindes mit dem der Mutter bezahlen läßt, wobei doch das Kind dieses Leben so nötig hätte? Auch ich hätte Gott gern diese Frage gestellt. Auch ich verstehe Gott nicht in all dem, was er zuläßt, ähnlich wie die Mutter ihn nicht verstehen konnte, von der Prof. A. Görres, Arzt an der Medizinischen Fakultät der Technischen Universität in München, erzählt. Es war 1945, kurz nach Kriegsende, eine junge, lieb und lebhaft blickende Frau, Mutter von vier Kindern, die kurz vor der Geburt des fünften Kindes stand, wurde mit einer schweren Blutung eingeliefert. Ihr Zustand war lebensbedrohlich. Sie spürte das und sagte zu ihrem Mann: »Ich muß wohl sterben, segne die Kinder.« Er: »Verstehst du den Herrgott noch?« Darauf sie: »Nein, ich versteh ihn überhaupt nicht« – und mit einem Lächeln – »aber ich bin ganz und gar mit ihm einverstanden!« Wenige Minuten später war sie tot. Und Prof. Görres schreibt dazu: »Sie hatte wohl verstanden, daß der schreckliche Abgrund der Unbegreiflichkeit Gottes ein Abgrund des unfaßlichen Lichtes, einer unendlichen, heiligen Liebe ist. Diese schien das Gesicht der Sterbenden zu spiegeln. Ihre Religion war Einverständnis mit dem Geist, aus dem Anfang, Mitte und Ende hervorgehen; der sie und den sie verstand, ohne zu begreifen.« Solche Worte kann unter den gegebenen Umständen nur der sagen, der den Menschen bis zu der Grenze begleitet, wo sich Leben und Tod begegnen. Bis zu dieser Grenze begleitete Prof. Görres die junge Frau, es ist auch die Grenze der Begegnung mit ihrem Gott gewesen.

Bis zu dieser Grenze habe ich nicht unsere Schwester G. begleiten können. Aber ich bin ihr mehrmals begegnet, nicht nur jeden Sonntag im Gottesdienst, ich habe mit ihr einige Male gesprochen und vor zwei Jahren gaben sich die jungen Leute vor mir ihr »Jawort«. So darf ich sagen, daß ihr Glaube ein Einverständnis mit dem Geist war, aus dem Anfang, Mitte und Ende hervorgehen und von dem sie meinte, daß sie ihn verstanden hatte, ohne ihn ganz in seinem Wesen wie auch in seinem Handeln begreifen zu können. Dies zu sagen ermutigt mich auch das Gespräch, das ich mit dem jungen Ehemann unserer Schwester G. geführt habe. Er erzählte mir von der kurzen und glücklichen Zeit ihrer Ehe, von dem Glauben, zu dem ihn seine Frau gebracht hatte. Er bemüht sich, diesen Tod vom Standpunkt eines gläubigen Christen zu betrachten. Gott hat ihm seine Liebe darin erwiesen, daß er ihm die Möglichkeit gab, mit seiner verstorbenen Frau über zwei Jahre gemeinsam zu leben und auch, indem er ihm durch sie ein Kind geschenkt hat. Zwar hat Gott sie ihm weggenommen, einen Strich durch ihre gemeinsamen Pläne gezogen, doch er darf deswegen Gott keine Vorwürfe machen, denn Gott hat weder ihm noch seiner Frau gegenüber ein Versprechen gegeben, daß sie lange gemeinsam leben werden. Gott hat anders entschieden, ihr gemeinsamer Weg trennt sich jetzt, seine Frau ist in diese Wirklichkeit eingegangen, der wir alle entgegen gehen, in die Ewigkeit.

Nicht von ungefähr wählte ich einen der schönsten biblischen Texte, die kaum in Verbindung mit einer Trauerfeier gelesen werden, »das Hohelied der Liebe«, wie dieser Text in manchen Ausgaben der Bibel überschrieben wird. Es heißt dort: »Die Liebe hört niemals auf« (1 Kor 13,8), auch wenn alles andere vergeht. Im Gespräch sagte mir der Ehemann unserer Verstorbenen: »Weder meine Liebe zu Gott noch zu meiner Frau darf durch diesen Tod aufhören, denn erst ohne diese Liebe wäre ich verloren.« Wir können dem beifügen, es ist auch die Liebe, die uns das Zukünftige, das, was unseren Augen verborgen bleibt, sehen und uns darauf hoffen läßt, daß wir das, was wir in unserem Leben hier auf der Erde nur wie in einem Spiegel und in rätselhaften Umrissen sehen, dann, von Angesicht zu Angesicht, vollkommen erkennen werden. Diese Wirklichkeit hat unsere Schwester G. bereits erkannt.

Die Botschaft des verschlossenen Umschlages

(Zum Tod eines plötzlich verstorbenen 63jährigen Mannes)

Planen und Investieren gehören zum menschlichen Leben. Dies ist eine Ureigenschaft des Menschen, denn er ist ein Wesen, das auf eine Zukunft ausgerichtet ist. Auch die Bibel erzählt an mehreren Stellen von planenden, an ihre Zukunft denkenden Menschen. So tat es auch jener Mann, von dem im Lukasevangelium die Rede ist. Da sich ihm eine reiche Ernte ankündigte, überlegte er, was er tun sollte, wie er sie am günstigsten unterbringen könnte. Da fiel ihm ein, er könnte noch größere Scheunen bauen lassen, dann könnte er in Ruhe, ohne Sorgen weiter leben. Er spricht auch das, was er denkt, laut aus: »Dann kann ich zu mir selber sagen: Ruh dich aus, iß und trink, und freu dich des Lebens!« (Lk 12,19). Doch noch in dieser Nacht forderte Gott von ihm sein Leben zurück. Eine Geschichte, die heutzutage keinen Seltenheitswert hat, sondern sich verhältnismäßig oft, wenn auch in nuancierter Form, wiederholt. Wir haben eben einen wichtigen Teil, den Arbeitsteil unseres Lebens abgeschlossen, wir fühlen uns finanziell abgesichert und versichert, gehen mit Freude einer neuen Zukunft, die sich uns durch den Ruhestand eröffnet, entgegen, freuen uns, unseren privaten, persönlichen Interessen mehr Zeit widmen zu können, planen einige interessante Auslandsreisen, hoffen ein wenig nachzuholen, was wir bis jetzt, bedingt durch unser Berufsleben, nicht tun konnten. Doch plötzlich und unerwartet tritt einer in die Planung ein, mit dem wir noch nicht gerechnet haben. Er macht unsere Pläne zunichte, reißt sie uns aus der Hand. So ähnlich ist dies auch mit unserem

Bruder R. geschehen. Wir fühlen uns erschüttert und stehen dem Geschehenen wie gelähmt und fassungslos gegenüber. Viele Fragen drängen sich uns dann auf, die wir alle gar nicht beantworten können. Da ist auch die Frage nach dem Sinn des menschlichen Lebens. Wie verhält es sich mit diesem Leben, wenn es so plötzlich abgebrochen wird? Wer ist der Mensch, was ist sein Leben wert?
Der dänische Philosoph Sören Kierkegaard sagte einmal: »Jeder Mensch kommt auf die Welt mit einem verschlossenen Umschlag.« Ein Satz, über den wir ein wenig nachdenken sollten, denn er beinhaltet doch etwas von der Wirklichkeit des menschlichen Lebens. Wenn jemandem eine Botschaft in einem verschlossenen Umschlag mitgegeben wird, heißt dies, daß sie ihm persönlich gilt. Nur der Empfänger sollte diese Botschaft lesen, es ist eine Botschaft zwischen dem Absender und dem Empfänger. Einer solchen Botschaft gebührt Respekt. Die Außenstehenden haben kein Recht, in den Inhalt, in das Geheimnis dieser Botschaft einzudringen. Aber der, dem diese Botschaft gilt, darf sie nicht ungelesen lassen. Er soll sie öffnen und lesen und auch entsprechend beantworten. Er tut es durch die Art und Weise seines Lebens, durch die Erfüllung seiner Aufgaben, aber auch dadurch, wovon er sich in seinem Leben leiten läßt, was für sein Leben und Handeln bestimmend und motivierend ist.
Auch unser Bruder R. ist mit einem verschlossenen Umschlag in diese Welt gekommen, brachte eine Botschaft mit, eine Botschaft, mit der Gott einen jeden Menschen in dieses Leben entläßt. Es ist seine persönliche, auf ihn zugeschnittene Botschaft gewesen, die unser Bruder im Laufe seines Lebens zu erfüllen versuchte. Vieles von dieser Botschaft blieb den Außenstehenden verschlossen, blieb ein Geheimnis. Vieles aber kann als eine Mitteilung, eine Weitergabe dieser Botschaft verstanden werden. Denn unsere

Verstorbenen haben uns in der Tat einiges mitzuteilen, manch eine Botschaft zu vermitteln, die Botschaft ihres Lebens. Dies ist auch eine Art und Weise, wie sie weiter leben könnten. Im Tode gibt der Mensch den Umschlag mit der ihm von Gott anvertrauten Botschaft seinem Schöpfer zurück. Wieweit er diese Botschaft in seinem Leben verwirklichen konnte, bleibt ein Geheimnis zwischen ihm und Gott, ein Geheimnis, das unseren Respekt verdient. Für unseren Bruder R. hoffen wir, daß er vieles von dieser Botschaft verwirklichen konnte. Im Gespräch mit der Ehefrau und dem Sohn des Verstorbenen ließen wir nochmals das Leben unseres Bruders R. vor unseren geistigen Augen aufrollen und fragten uns nach den charakteristischen Merkmalen. Es entstand das Bild eines Mannes mit Profil.

Worin mag die Kunst des Lebens bestehen?, fragen oft viele Menschen. Man könnte antworten, oft eigentlich darin, aus der Lage und Situation, in die man versetzt wird, versuchen, das Beste zu machen, und sich mit dem Rest, der nicht zu verändern ist, abzufinden. Ich meine, man darf von unserem Bruder R. sagen, daß ihm dies in seinem Leben gut gelungen ist. Denn unser Bruder R. ist ein Mensch gewesen, der es schaffte, mit einer Kindheitsverletzung, die ihn stark benachteiligt hatte, gut fertig zu werden. Woher nahm er dazu die Kraft? Was trug zu diesem Gelingen bei?

Es gibt eine schlichte Legende von dem alten Fischer, der einen jungen Arbeiter über den See rudert. Der junge Mann entdeckte auf den beiden Rudern die Worte »ora« und »labora«. Er fragte den Alten, was diese beiden Worte bedeuten? »Bete« und »arbeite« lautete die Antwort. »Eine ziemlich überholte Parole«, meinte der junge Mann. »Mit der Arbeit allein kommt der Mensch wohl auch durchs Leben.« Der Fischer lächelte und begann, allein mit dem Holz, auf dem das Wort »labora« stand, zu rudern. Und das Boot bewegte sich im Kreise. Der junge Mann schaute den Fischer fragend an, und der sagte: »So geht es auf der Welt, wenn die Menschen nur arbeiten und nicht mehr beten. Sie bewegen sich im Kreise und kommen nicht ans Ziel.«

Ähnlich wie dieser Fischer lebte auch unser Bruder nach der Maxime »bete und arbeite«, die auch heißen kann: »Tu das, was du tun sollst und kannst, das übrige überlasse im gläubigen Vertrauen Gott.« Dem »labora« wurde er gerecht durch seine Aufgaben in der Familie und in seinem Beruf, in dem er sich sehr stark engagierte. Es war seine berufliche Maxime: »Was wir machen, machen wir richtig.« Seine berufliche Tätigkeit beschränkte sich nicht nur auf die Arbeit in seiner Werkstatt, sondern darüber hinaus war er immer bereit gewesen, seine Fachkenntnisse weiterzuvermitteln.

Das »ora« bedeutete für ihn nicht nur das private, persönliche Gebet, sondern auch das Gebet in und mit der Gemeinschaft der Gläubigen, das am prägnantesten in der Sonntagsmeßfeier zum Ausdruck kam. Hier holte er sich Kraft für den Alltag, für seine Aufgaben. Er ist ein Christ gewesen, und Christsein bedeutet letztendlich ein Mensch zu sein, der auf Gott setzt. Wer aber auf Gott setzt, kann nicht anders, als ein vertrauender und hoffender Mensch zu sein.

Von Beruf ist unser Bruder R. Buchbinder gewesen. Als solcher ordnete er lose Blätter und band sie zu einem mit Inhalt gefüllten Buch zusammen. Ob er nicht auch seinen Glauben ähnlich verstand? Als einen Halt, der ihm half, die einzelnen Elemente seiner Biographie, seines Lebens zusammenzuhalten, mehr noch, als etwas, das seinem Leben einen Inhalt gab und auch das Sterben und den Tod mit Hoffnung erfüllte. Es ist die Hoffnung, daß der Tod nicht die totale Zerstörung bedeutet, sondern nur ein Übergang in eine andere Wirklichkeit ist. So hoffen wir für unseren Bruder, daß der Tod, wenn er ihm auch alle seine Pläne aus der Hand gezogen hat, ihm dennoch nicht die Zukunft wegnehmen konnte, die aus der christlichen Hoffnung erwächst.

Die Fragen Ijobs bleiben aktuell

(Zum Tod einer 48jährigen Frau nach einem tragischen Unfall)

Der tragische Tod unserer Schwester E. hat uns alle erschüttert. Getroffen und betroffen bis in das Innerste ist vor allem die Familie, der Ehemann, die Kinder. Am liebsten möchte ich heute schweigen, denn ich bin mir der Unzulänglichkeit eines jeden Wortes, auch des tröstenden, wohl bewußt.

Es ist verständlich, daß angesichts eines solchen Todes Fragen gestellt werden, die kaum beantwortet werden können. Vor allem die Frage: »Warum läßt Gott so etwas zu?« Und ich stimme dem Mann zu, der mir, als wir über den Tod von Frau E. sprachen, sagte: »Man kann doch nicht sagen, der liebe Gott habe es gewollt!« Nein! Man kann es in der Tat nicht so sagen, denn zunächst wissen wir überhaupt nicht, was Gott will und nicht will, was er damit beabsichtigt, wenn ein Mensch früher, als allgemein gerechnet und erwartet wird, stirbt. Was wir wissen ist, daß dem Menschenleben auf der Erde eine Grenze gesetzt ist, daß keiner von uns seine letzte Stunde kennt, noch sich die Art dieser Stunde auswählen darf. Denn während die Art, wie der Mensch das Licht dieser Welt erblickt, weitgehend einheitlich bleibt, sind die Möglichkeiten des Sterbens, vor allem in unserer hochtechnisierten Zeit, vielfältig wie nie zuvor. Wenn unsere Schwester E. auch nicht auf Grund eines technischen Versagens eines Gerätes gestorben ist, so doch auf eine Art und Weise, die verhältnismäßig selten vorkommt. Gott verfügt über vielfältige Varianten, uns aus dieser Welt abzuberufen. Denn mit einem Ruf Gottes läßt sich der Tod am ehesten vergleichen.

Der vom Herrn Gerufene steht bereits jenseits der Trauer und des Schmerzes, denn er ist in die Freude des Herrn eingegangen. Das Gegenteil davon erleben die Hinterbliebenen, die von einer Stunde auf die andere, plötzlich, ohne sich damit vertraut machen zu können, in eine für sie völlig neue Lebenssituation versetzt worden sind. Menschliche Worte stehen kaum im Verhältnis zu dem Leid und vermögen nicht, den Schmerz und die Trauer der Hinterbliebenen zu lindern. Unwillkürlich muß ich an eine Stelle aus dem autobiographischen Buch »Urteil« von Hildegard Knef denken. Die bekannte Schauspielerin und Chansonistin erzählt folgende Geschichte: Mit ihrer Tochter wurde sie von einem ihr bekannten Pfarrer eingeladen, sich nach einer ihrer vielen Operationen bei ihm auf dem Lande im Pfarrhaus zu erholen. Eines Tages fragt sie ihn: »Was sagst du, wenn ein Kind stirbt? Was sagst du den Eltern?« Darauf der Priester: »Ein fünfjähriger starb vor zwei Wochen. Und ich habe gesagt: Ich will euch sagen, warum ich ein Christ bin? – Weil die Welt unglaublich geschwätzig ist, laut und vorlaut, solange alles gut geht. Nur wenn jemand stirbt, dann wird sie verlegen, dann weiß sie nichts mehr zu sagen. Genau an dem Punkt, wo die Welt schweigt, richtet die Kirche eine Botschaft aus, sie sagt, daß der Mensch ein Ziel hat.«
Auch ich frage mich oft: »Was sagst du den Hinterbliebenen?« Auch im Hinblick auf dieses Begräbnis habe ich mir mehrmals diese Frage gestellt. Und ich gestehe Ihnen, von mir allein könnte ich in der Tat nicht viel sagen. Wenn ich dennoch spreche, so tue ich es, weil ich eine Botschaft, die Botschaft des christlichen Glaubens, zu dem sich auch unsere Schwester E. bekannt hat, zu verkünden habe. Es ist die Botschaft von dem auferstandenen Herrn, der auch unseren armseligen Leib verwandeln wird in die Gestalt seines verherrlichten Leibes (vgl. Phl 3,21); eine Botschaft,

die dem glaubenden Menschen gerade angesichts des Todes Hoffnung und Trost zu vermitteln vermag. Trotz dieser Botschaft bleiben dennoch viele Fragen offen, Fragen, die wir gern stellen möchten. Es sind vor allem Fragen nach dem Warum? Warum mußte unsere Schwester so tragisch, plötzlich und unerwartet sterben? Warum mußte sie so früh sterben? Warum wurde die Familie so hart vom Schicksal getroffen? Ich gestehe, ich fühle mich außerstande, diese und vielleicht noch andere Fragen, die mit diesem Tod verbunden bleiben, zu beantworten.
Aber, es sind nicht nur unsere Fragen allein, denn im Laufe der Geschichte haben viele Menschen ähnliche Fragen gestellt und mit Gott gehadert. Einige von diesen Fragen sind auch in der Bibel zu finden, vor allem in dem Buch Ijobs, doch eine endgültige und alle zufriedenstellende Antwort wird uns auch hier nicht gegeben. Der gerechte und fromme Ijob leidet, es wird ihm alles weggenommen, seine Kinder, sein Eigentum, und er selbst wird von einer schweren Krankheit befallen. Verständlich, daß er unter diesen Umständen die Frage nach dem Warum stellt. Einige Freunde, fromme Männer, versuchen ihm diese Frage zu beantworten, aber Ijob gibt sich mit ihren Antworten keineswegs zufrieden. Er richtet seine Fragen direkt an Gott, schreit ihn in seinem Schmerz an, streitet mit ihm. Und obwohl er keine andere Antwort bekommt als die, es sei Gottes Wille, läßt er von Gott nicht ab, denn er weiß, nur Gott bleibt seine Rettung und Hoffnung. Später tat es jener Jude ähnlich, von dem eine aus dem 16. Jahrhundert stammende Geschichte erzählt: Ein Schiff mit Flüchtlingen wurde von der Pest heimgesucht. Der Kapitän warf sie an einem unbekannten Ort an Land. Viele starben vor Hunger, einige wenige rafften sich auf und gingen, bis sie etwa einen bewohnten Ort fänden. Einer der Männer hatte seine Frau und zwei kleine Söhne mit

sich. Die Frau, des Marschierens ungewohnt, wurde schwach und starb. Der Mann trug die Kinder weiter, bis er ohnmächtig niedersank. Als er aufwachte, fand er beide Söhne tot. In seinem Schmerz stand er auf und sprach: »Herr der Welten! Viel tust du, damit ich meinen Glauben aufgebe. Wisse aber, daß ich sogar den Himmelsbewohnern zum Trotz ein Jude bin und ein Jude sein werde! Da wird nichts nützen, was du auch über mich gebracht hast und noch über mich bringen magst!« Dann bedeckte er die toten Kinder mit ein wenig Staub und Gras und ging seines Weges, um eine bewohnte Stätte zu suchen.
Daß der Wille Gottes uns oft unverständlich vorkommt und nur schwer hinzunehmen ist, bezeugt nicht nur diese Geschichte, sondern vor allem auch die biblische Geschichte Ijobs, mehr noch, bezeugt Jesus selbst, denn auch er bat darum: »Vater, wenn du willst, nimm diesen Kelch von mir! Aber nicht mein, sondern dein Wille soll geschehen« (Lk 22,42). Es gibt unter den biblischen Gebeten zwei, die extreme Lebens- und Glaubenserfahrungen auszudrücken scheinen. Das eine Gebet lautet: »Der Herr ist mein Hirte« (Ps 23). Das andere ist eher eine Frage, ein Aufschrei: »Mein Gott, mein Gott, warum hast du mich verlassen?« (Mk 15,34). Das erste Gebet sprach mit großer Wahrscheinlichkeit ein Hirte, ein Mensch, der sich in Gottes Obhut beschützt und geborgen fühlte. Das zweite Gebet sprach der Sohn Gottes selbst, dem die Geborgenheit und die Obhut seines Vaters entzogen zu sein schienen, der sich von ihm in seiner Todesstunde verlassen fühlte. Es wird niemanden wundern, wenn auch Sie sich, verehrte Familie der Verstorbenen, heute das Gebet Jesu zu eigen machen, denn es bringt am ehesten Ihre Gefühle und Empfindungen, Ihren Schmerz, ja, Ihre gegenwärtige Situation zum Ausdruck.
Wenn wir Gott nicht immer, meistens gar nicht, in seinen

Entscheidungen begreifen können und uns von ihm verlassen fühlen, bleibt er dennoch der Gott, von dem man mit dem Psalmisten sagen kann: »Der Herr ist mein Hirte ... Muß ich auch wandern in finsterer Schlucht, ich fürchte kein Unheil; denn du bist bei mir«. Ich hoffe für Sie, verehrte Familie der Verstorbenen, daß Sie auch zu diesem Gebet finden können und daß es Ihnen vielleicht ein wenig helfen wird, die finstere Schlucht, in der Sie sich gegenwärtig zu sein fühlen, glücklich zu durchwandern. Derselbe Gott, der den Menschen, auf welche Art und Weise er dies auch tut, beugt und manchmal auch zerknickt, vermag ihn wieder aufzurichten. Denn wie es in einem anderen Psalm heißt: »Nahe ist der Herr den zerbrochenen Herzen, er hilft denen auf, die zerknirscht sind« (Ps 34,19).

III. Der Tod verleiht dem Leben Bedeutung

Wenn die christliche Botschaft nicht mehr selbstverständlich ist

»Liebster«

(Bei der Beerdigung eines 65jährigen Mannes; familien- und staatenlos; mehrere Jahre krank)

»Ich habe dich beim Namen gerufen, du gehörst mir« – heißt es beim Propheten Jesaja (43,1). So hat auch Gott unseren Bruder J. beim Namen gerufen und seitdem gehört er unwiderruflich ihm an, denn er mußte diesem Ruf folgen. Wohin?

Woher kommen wir und wohin gehen wir? Was sind der Mensch und sein Leben? Das sind vielleicht die wichtigsten Fragen, die wir uns immer wieder stellen und die uns eigentlich nur vom Glauben her beantwortet werden können. So sagt der christliche Glaube, daß der Mensch von Gott kommt und zu Gott wieder zurückkehrt. Aber nicht nur über das Kommen und das Gehen, über das Woher und Wohin des Menschen macht sich der christliche Glaube Gedanken, sondern er denkt auch über das Wesen des Menschen nach. So sagt die Bibel an mehreren Stellen etwas über den Menschen aus. Sie sagt, daß der Mensch nach dem Bilde Gottes geschaffen worden ist, sie bezeugt seine Größe, indem sie sagt: »Was ist der Mensch, daß du groß ihn achtest und deinen Sinn auf ihn richtest?« (Ijob 7,17), aber sie spricht auch über seine Vergänglichkeit, denn sie sagt: »Der Mensch ... er geht wie die Blume auf und welkt, flieht wie ein Schatten und bleibt nicht bestehen« (Ijob 14,1). Besonders angesichts des Todes gewinnen diese Worte an Bedeutung. Was ist ein Mensch? Ein Wesen, das geboren wird und stirbt, das kommt und geht, ähnlich wie eine Blume. Und dennoch ist er anders als eine Blume, die blüht und verblüht, denn er hat einen Namen und wird von Gott bei seinem Namen gerufen. Das heißt,

daß jeder Mensch ein nicht verwechselbarer Einzelner ist, und er behält diese seine Einmaligkeit trotz des Todes. Wenn sich auch der Stoff, die Atome, mit einem Wort die Materie, aus der er gebildet ist und die ihm das Äußere gibt, verwandelt, bleibt er in seinem Kern, in seiner Person, in seinem Ich unzerstörbar. Auch im Tode löst er sich nicht auf, sondern er geht in eine andere Wirklichkeit, in die Wirklichkeit Gottes ein, denn wie es beim Propheten Jesaja heißt: »Ich habe dich beim Namen gerufen, du gehörst mir.« So gehört auch unser Bruder J., um dessen Sarg wir uns heute versammelt haben, Gott an.
In dieser Welt schien er keinem zuzugehören, er war staatenlos, lebte weit weg von seiner Heimat, hatte weder Familie noch Angehörige. Der Krieg mit all seinen Folgen hatte ihn hart geprüft, zu einem vereinsamten Menschen gemacht. Er fühlte sich oft verlassen, allein gelassen, vor allem in den letzten Jahren seiner Krankheit. Dennoch, auch dann, wenn der einzelne Mensch sehr zurückgezogen lebt und meint, keinen zu haben, der ihm nahe steht, ihn kennt, gibt es einen, der seinen Namen kennt, mehr noch, der ihn liebt. Es ist der, den wir unseren Vater im Himmel nennen. Es verhält sich mit einem jeden Menschen wie mit jenem polnischen Offizier aus Katyn, den man nicht mehr identifizieren konnte, dessen Name für immer unbekannt geblieben ist. Es war die Leiche eines Leutnants. Sie trug nichts weiter bei sich als zwei auf seiner Brust verwahrte Briefe, die Photographie einer Frau und ein Medaillon mit dem Bildnis der Heiligen Jungfrau. Einer der Briefe begann mit dem Wort »Liebster«. Das übrige Papier war verfault. Nichts wußte man mehr über die Leiche, weder den Namen noch Vornamen, nur daß ihn jemand mit dem Wort »Liebster« angesprochen hatte, jemand, für den er der »Liebste« gewesen ist.
Wenn auch unser Name den meisten Menschen unbe-

kannt bleibt und wir nur wenige Menschen haben, die uns zur Seite stehen – wir dürfen sicher sein, daß Gott unseren Namen kennt und uns bei unserem Namen ruft, und daß ein jeder von uns für ihn der »Liebste« ist. Denn heißt es nicht im Kolosser-Brief: »Ihr seid von Gott geliebt, seid seine auserwählten Heiligen« (3,12)? Dies gilt für alle, die auf den Namen Christi getauft worden sind, die an seinem Tod und seiner Auferstehung teilhaben. Auf diesen Namen wurde auch unser Bruder J. getauft, von dem wir hoffen, daß er nun eine größere Liebe gefunden hat als die, die ihm in dieser Welt entgegengebracht worden ist.

Die Heimkehr

(Bei der Beerdigung eines 53jährigen Mannes; obdachlos)

Unter den von Jesus erzählten Geschichten gehört die von dem aus dem Hause seines Vaters weggegangenen Sohn zu den beliebtesten, schönsten und bekanntesten. Dort ist die Rede von einem jungen Mann, der vom Vater seinen Erbteil verlangt, und als dieser ihm den auch gibt, verläßt der Sohn das väterliche Haus und zieht in die Ferne. Aber nicht lange lebt er auf der Sonnenseite, nur solange das Geld reicht, dann wendet sich das Blatt, die harte Wirklichkeit des Lebens holt ihn ein. Das macht ihn nachdenklich, er kehrt in sich, und beschließt, zu seinem Vater zurückzukehren. Dies fällt ihm keinesfalls leicht, denn er weiß nicht, wie ihn sein Vater empfangen wird. Der aber wartet auf ihn, und als er ihn von weitem sieht, geht er ihm entgegen und schließt ihn in seine Arme.

Diese biblische Geschichte kommt mir heute in den Sinn, wo wir uns um den Sarg unseres Bruders Z. versammelt haben. Er ist ein Mann gewesen, der auf der Straße lebte, ununterbrochen unterwegs war, keine feste Bleibe hatte. Vor vielen Jahren verließ er sein Elternhaus und kehrte in dieses Haus nicht mehr zurück. Er hatte überhaupt kein Haus. Erst in der letzten Zeit bemühten sich einige Menschen, ihn seßhaft zu machen, besorgten ihm eine Wohnung und betreuten ihn. Wie schwierig dies war, wissen nur sie und wußte unser Bruder Z. Er lebte dauernd in der Fremde, ohne ein Dach über seinem Kopf, nicht selten auch ohne ein Stück Brot; oft wußte er nicht, wo er abends seinen Kopf hinlegen wird. Als ich ihn einmal danach fragte, was ihn bewogen habe, diese Lebensweise zu wählen, antwortete er mir, es sei die Freiheit, die er über alles liebe, er wolle von keinem und von nichts abhängig sein. Für diese Art der Freiheit mußte er einen teuren Preis bezahlen. Nun gelangte er an die Grenze seiner Wanderung, seines Unterwegsseins. Es ist diese Grenze, die jedes lebende Wesen, einschließlich des Menschen, einmal erreichen wird. Den Weg bis zu dieser Grenze können wir verfolgen. Die Wirklichkeit, die sich jenseits dieser Grenze erstreckt, bleibt unseren leiblichen Augen verborgen, sie ist lediglich mit den Augen des Glaubens zu sehen. Es sind diese Augen, die uns jenseits dieser Grenze den auf die Heimkehr ihrer Kinder wartenden Vater sehen lassen. Er gleicht dem Vater, von dem Jesus in seinem Gleichnis spricht, und der auf seinen Sohn, der aus seinem Hause in die Fremde gegangen ist, wartet. Von dem großen russischen Schriftsteller Dostojewski wird berichtet, daß er, als es ihm bewußt wurde, daß er bald sterben wird, sich von seiner Frau aus der Bibel eben diese Geschichte von dem heimkehrenden Sohn vorlesen ließ. Mit geschlossenen Augen, sehr nachdenklich nahm er diese Geschichte in sich auf. Dann sagte er zu seinen Kindern, die um ihn herum standen: »Meine Kinder, vergeßt niemals, was ihr eben gehört habt; habt unbedingtes Vertrauen auf Gott und zweifelt niemals an seiner Barmherzigkeit. Ich liebe euch sehr, aber meine Liebe ist nichts im Vergleich zu der unendlichen Liebe Gottes zu allen Menschen, die er geschaffen hat.«

Die Liebe, die Gott uns Menschen entgegenbringt, läßt sich nicht von der Barmherzigkeit trennen, diese bildet einen wesentlichen Bestandteil seiner Liebe. Mit einer solchen Liebe begegnet er den heimkehrenden Kindern. Dies bringen auch die Gebete zum Ausdruck, die bei der Trauerfeier gesprochen werden. So auch dieses biblische Gebet, in dem es heißt: »Würdest du, Herr, unsere Sünden beachten, Herr, wer könnte bestehen? Doch bei dir ist Vergebung« (Ps 130,3–4). Das Zeichen dieser Vergebung erhebt sich über dem Sarg unseres Bruders Z. Es ist das Kreuz, das sich bekanntlich aus zwei Balken zusammensetzt, einem waagerechten und einem senkrechten. Das Kreuz, vor allem ein romanisches Kreuz, erinnert sehr stark an ein Pluszeichen, das sich ebenfalls aus einem waagerechten und einem senkrechten Strich zusammensetzt. Der waagerechte Strich allein gilt als ein Minuszeichen, bedeutet, daß etwas weniger vorhanden ist, als es geben sollte, daß es einen Mangel gibt. Es ist ein Mangel an Liebe, der durch unsere Schuld verursacht worden ist. Dieser Mangel muß behoben werden. Dies geschieht, wenn das Minuszeichen kassiert, durchgestrichen wird, wenn durch das Minuszeichen ein senkrechter Strich gezogen wird. So entsteht aus dem Minuszeichen ein Pluszeichen. Der Mangel wird beseitigt, getilgt, das, was gefehlt hat, wird ergänzt. Christus hat unseren Minusstrich mit einem senkrechten Strich durchzogen, und daraus ein Pluszeichen gemacht. Er hat unseren Mangel an Liebe, unsere Schuld, mit seiner Liebe ausgefüllt. Er tat dies durch das Opfer seines Lebens, durch seinen Tod am Kreuz. So bleibt sein Tod der Grund unserer Hoffnung auf Vergebung, auf die Barmherzigkeit, die Gott uns entgegenbringt, wenn unser Unterwegssein beendet wird und wir zum Vater heimkehren.

Das abgebrochene Spiel

(Zum Tod eines plötzlich verstorbenen Fußballspielers)

Wie die meisten von Ihnen, die Eltern, die Geschwister, die Freunde und Bekannten des verstorbenen P., gehöre auch ich zu denen, die dieser Tod betroffen und nachdenklich gemacht hat. Daß ein Tod, der so früh, plötzlich und unerwartet kommt, Menschen betroffen macht, wen dürfte dies wundern? Von diesem Tod nahmen sogar die großen überregionalen Zeitungen in ihrem Sportteil Notiz, indem sie von einem jungen Fußballschiedsrichter berichteten, der auf dem Sportplatz mitten im Spiel zusammenbrach. Dieser Tod untermauert die biblischen Worte: »Wenn du aber nicht aufwachst, werde ich kommen wie ein Dieb, und du wirst bestimmt nicht wissen, zu welcher Stunde ich komme« (Offb 3,3). Bewahrheitet haben sich diese Worte an unserem Bruder P., denn in der Tat, mitten aus dem Leben, an einem Ort, an dem der Tod eher ein Fremder, ein unbekannter Gast sein dürfte, in der sportlichen Arena, umgeben von jungen und gesunden Menschen, denen er zum fairen und regelgerechten Spiel verhelfen sollte, hat ihn, einen jungen und allem Anschein nach gesunden Menschen, der Tod eingeholt. Der Herr selbst brach das Spiel ab und hat den Schiedsrichter vor seinen Richterstuhl berufen, damit er ihm Rechenschaft nicht nur über ein Spiel, sondern über sein ganzes Leben ablege, wie es in der Bibel heißt, und wir haben diese Worte eben gehört: »Denn wir alle müssen vor dem Richterstuhl Christi offenbar werden, damit jeder den Lohn empfängt für das Gute oder Böse, das er im irdischen Leben getan hat« (2 Kor 5,10). So hat unser Bruder P. bereits

Rechenschaft über sich selbst abgelegt, vor dem, den Christen als den Herrn über Leben und Tod verstehen.
Edith Stein, jüdische Philosophin, später katholische Ordensfrau und Gefangene eines KZ-Lagers, in dem sie auch ums Leben kam, unlängst von der Kirche selig gesprochen, erzählt davon, wie sie von einer großen Angst überwältigt worden ist, als sie vom Tode eines ihr befreundeten Menschen erfahren hatte und sie sich auf den Weg machte, seine Frau zu trösten. Sie wußte nicht, was sie ihr sagen sollte. Auch ich frage mich oft: »Was sage ich den Hinterbliebenen?« Und in Verbindung mit dieser Beerdigung habe ich mir ebenfalls diese Frage gestellt. Und ich gestehe es, von mir allein könnte ich wirklich nicht viel sagen. Wenn ich aber dennoch spreche, so tue ich es, weil ich eine Botschaft, die Botschaft des christlichen Glaubens in Erinnerung rufen möchte, eine Botschaft, die gerade angesichts des Todes Menschen Hoffnung und Trost zu vermitteln vermag. Denn es ist eine Botschaft, die vom Leben trotz des Todes erzählt, eine Botschaft, die von der Hoffnung der Auferstehung spricht.
Dabei ist es mir bewußt, daß nicht alle diese Botschaft wahrnehmen, an sie glauben, daß nicht wenige heute von ihr sogar nicht viel halten. Und ich möchte auch gar nicht an dieser Stelle die Richtigkeit dieser Botschaft unter Beweis stellen, noch sie jemandem aufdrängen, sondern ganz einfach verkünden. Denn beweisen läßt sie sich nicht. Auch Jesus hat nicht versucht, sie irgendeinem Menschen zu beweisen oder aufzudrängen, denn als er nach einem Zeichen seiner Glaubwürdigkeit gefragt wurde, da antwortete er, es werde kein anderes Zeichen gegeben, als das Zeichen des Propheten Jona, das heißt, das Zeichen seiner Auferstehung: »Denn wie Jona drei Tage und drei Nächte lang im Bauch des Fisches war, so wird auch der Menschensohn drei Tage und drei Nächte im Innern der Erde

sein« (Mt 12,40). Ob man dieses Zeichen annimmt oder auch ablehnt, bleibt jedem einzelnen überlassen. Keinesfalls versucht es Jesus, uns die Richtigkeit dieses Zeichens zu beweisen, auch dann nicht, wenn er mit der Schwester des toten Lazarus spricht. Er fragt sie nur, ob sie daran glaubt, daß ihr Bruder auferstehen wird. Und diese Frage hat kaum an Aktualität eingebüßt, vor allem angesichts des Sarges. Beantworten muß diese Frage ein jeder für sich selbst. Die Antwort aber darf uns nicht gleichgültig sein, denn sie hat Konsequenzen sowohl für unser Leben, wie auch für unser Verständnis des Todes. Finden wir aber zu einer positiven Antwort, dann gelten auch uns die Worte Jesu, die er am Grabe seines Freundes Lazarus zu dessen Schwester Marta gesprochen hat: »Dein Bruder wird auferstehen ... Ich bin die Auferstehung und das Leben; wer an mich glaubt, wird leben, auch wenn er stirbt, und jeder, der lebt und an mich glaubt, wird auf ewig nicht sterben« (Joh 11,23.25.26). Auf diesen Glauben wurde unser Bruder P. getauft. Ob er auch von diesem Glauben in seinem Leben getragen worden ist, vermögen wir nicht zu beurteilen, denn der Glaube eines jeden Menschen bleibt in den meisten Fällen eine persönliche, intime Beziehung zwischen ihm und Gott allein, somit auch ein Geheimnis für die Außenstehenden. Die Kirche ist sich dieses Geheimnisses bewußt, darum betet sie für ihre Verstorbenen mit den Worten: »Wir empfehlen dir auch jene, um deren Glauben niemand weiß als du.«
Wie gern ich auch Ihren Schmerz und Ihre Trauer, verehrte Eltern und liebe Geschwister des Verstorbenen, lindern möchte, so spüre ich doch die Unzulänglichkeit jeglicher Worte. Möge die Hoffnung des christlichen Glaubens an die Auferstehung der Toten und die Zusage Jesu, daß Gott seinen Sohn nicht in die Welt gesandt hat, damit er die Welt richte, sondern damit die Welt durch ihn geret-

tet wird, Ihnen ein solcher Trost sein. Gewiß werden Sie sich zunächst an diesen Glaubenswahrheiten kaum trösten können, aber das Bewußtsein, daß der Tod das Leben Ihres Sohnes und Bruders nicht ganz zu zerstören vermag, sondern ihn zum Leben in eine andere Wirklichkeit überführt, wenn auch nach menschlichem Ermessen sehr verfrüht, rechtfertigt die Hoffnung auf ein Wiedersehen. Möge Gott, der Sie tief gebeugt hat, Sie wieder aufrichten, denn er ist auch derjenige, von dem es heißt: »Der Herr richtet alle Gebeugten auf! Er tröstet mein Herz!« (vgl. Ps 145,14).

Für die Fußballfreunde, die hier so zahlreich vertreten sind, aber nicht nur für sie, mögen die Worte eines ehemaligen bekannten Fußballers, Uwe Seeler, ein wenig nachdenklich stimmen: »Immer wieder machen meine Freunde und ich ähnliche Erfahrungen, wenn wir uns auf einer Beerdigung treffen und danach bei einer Tasse Kaffee zusammensitzen. Plötzlich fangen wir an zu reden über den Sinn des Lebens. Was machen wir eigentlich? Da geht man wieder in sich und hat auch Zeit, über gewisse Dinge des Lebens nachzudenken ... Und dann kommt auch Gott zur Sprache ... Jedesmal nimmt man sich vor, mehr Zeit füreinander zu haben, bewußter zu leben und über den Sinn des Lebens nachzudenken. Und wenn wir uns nach geraumer Zeit auf einer Beerdigung wiedersehen, müssen wir uns eingestehen: Es hat sich nichts geändert. Die Hektik des alltäglichen Lebens hat uns keine Zeit gelassen.«

Die Erfahrung, von der der bekannte Fußballer spricht, ist eine weit verbreitete Lebenserfahrung. Dennoch lohnt es sich immer wieder, einen Versuch zu machen, denn das Menschenleben ist doch etwas Tieferes und Geheimnisvolleres als nur Beruf, Hektik und Fußball, auch wenn es in einem der Lieder heißen mag: »Fußball ist unser Leben.«

Zwei verschiedene Botschaften

(Bei der Beerdigung eines 73jährigen Kirchenfernstehenden)

Nach dem Tode des bekannten Schriftstellers F. Kafka fand man unter seinen losen Blättern einen kurzen Text, der keine Überschrift hatte. Er hat den folgenden Wortlaut: »Ach«, sagte die Maus, »die Welt wird enger mit jedem Tag. Zuerst war sie so breit, daß ich Angst hatte, ich lief weiter und war glücklich, daß ich endlich rechts und links in der Ferne Mauern sah, aber diese langen Mauern eilen so schnell aufeinander zu, daß ich schon im letzten Zimmer bin, und dort im Winkel steht die Falle, in die ich laufe.«

Kein Zweifel, mit dieser »Kleinen Fabel« skizziert Kafka den Lebenslauf des Menschen. Und was er beschreibt, läßt sich kaum bestreiten. Ist der Mensch jung, steht ihm die ganze Welt weit offen. Wird er aber älter und alt, schwindet mit den Jahren auch die Kraft, die Gesundheit nimmt ab, und die Altersgebrechlichkeiten werden häufiger und beschwerlicher, die Perspektive wird immer enger und das Leben läuft unaufhaltsam auf ein einziges Ziel hinaus. »Die Welt wird enger mit jedem Tag«, ist die Erfahrung des Menschen. Eines Tages wird sie so eng sein, daß wir das Zimmer, in dem wir angekommen sind, nicht mehr verlassen können. Es ist jenes Zimmer, in dem der Tod als Gegenspieler des Lebens nach uns greift. Kein Mensch kann ihm entkommen. Er schnappt ihn wie eine Falle. Und in der Tat, wie eine Falle für den Menschen, für sein Leben, läßt sich der Tod umschreiben, und manche wollen das ganze Leben des Menschen als einen Kampf gegen diese Falle verstehen. Daß der Mensch aber in diesem

Kampf immer auf der Verliererseite bleiben wird, darüber kann es kaum einen Zweifel geben. Zu dieser Erkenntnis gelangte bereits der biblische Autor, denn er schrieb: »Loskaufen kann doch keiner den anderen noch an Gott für ihn ein Sühnegeld zahlen – für das Leben ist jeder Kaufpreis zu hoch; für immer muß man davon abstehn –, damit er auf ewig weiterlebt und niemals das Grab schaut« (Ps 49,8–10). Würde man nur vom rein natürlichen Standpunkt das menschliche Leben betrachten, könnte es kaum Zweifel daran geben, daß Kafka die Wahrheit über den Menschen, über sein Leben und Sterben spricht. Es ist eine ähnliche Wahrheit, wie sie bereits im Alten Testament, im Buch Kohelet, zum Ausdruck kommt: »An den Gebildeten gibt es ebensowenig wie an den Ungebildeten eine Erinnerung, die ewig währt, weil man schon in den Tagen, die bald kommen, beide vergessen wird« (2,16).

Auch Jesus hat über das menschliche Leben und seinen Tod gesprochen, denn beides, Leben und Tod, gehören untrennbar zusammen. Aber er verkündete eine andere Wahrheit, als dies Kafka in seiner kurzen Erzählung tut; er ergänzt auch die pessimistische Haltung des biblischen Buches Kohelet. Seine Botschaft ist eine hoffnungsvolle Botschaft, eine Botschaft vom Leben auch jenseits der Todesgrenze. Denn in einem Gespräch mit seinen Jüngern sagt er: »Es ist aber der Wille dessen, der mich gesandt hat, daß ich keinen von denen, die er mir gegeben hat, zugrunde gehen lasse, sondern daß ich sie auferwecke am Letzten Tag« (Joh 6,39). Besonders eindringlich werden wir an diese Botschaft vom Leben trotz des Todes dann erinnert, wenn wir von einem Menschen Abschied nehmen müssen. Es ist eine hoffnungsvolle Botschaft, die die Kirche nicht von sich selbst, aus eigener Kraft, sondern aus der Vollmacht Jesu verkündet. Sie verkündet diese Botschaft über die, die durch die Taufe in diese Botschaft einbezogen worden sind. Sie verkündet sie allen, die für diese Botschaft ein offenes Ohr haben. Durch die Taufe ist unser Bruder M. in diese Botschaft einbezogen worden, denn auf das Leben Jesu, auf seinen Tod und seine Auferstehung wurde er getauft. Nun hoffen wir, daß der Herr an ihm das vollendet, was er bei ihm durch die Taufe begonnen hat. Das heißt, daß sein Leben durch den Tod nicht zerstört und ausgelöscht, sondern durch den Herrn vollendet worden ist. Dies ist eine andere Botschaft vom Leben als die des Schriftstellers Kafka, der meint, daß das menschliche Leben dem Lauf in eine Falle gleicht, die zuschnappt, und damit ist alles aus. Die Botschaft Jesu lautet, daß Gott keinen Menschen, auch nicht durch den Tod, verlieren möchte, sondern daß er ihn auferwecken will, denn der Gott, den er verkündet, »ist doch nicht der Gott der Toten, sondern der Gott der Lebenden« (Mt 22,32).

Die alte und immer neue Frage

(Bei der Beerdigung eines 55jährigen Kirchenfernstehenden)

Der Benediktiner Beda erzählte in seiner lateinischen »Kirchengeschichte des englischen Volkes« von der Christianisierung seiner northumbrischen Heimat unter König Edwin. Dieser König verhielt sich anfangs dem christlichen Glauben gegenüber sehr zurückhaltend und berief eine Versammlung von Weisen ein. Bei dieser Zusammenkunft stand einer der Ratgeber des Königs auf und sagte: »König, das gegenwärtige Menschenleben auf Erden kommt mir beim Vergleich mit derjenigen Zeit, die für uns ungewiß ist, so vor, wie wenn du zur Winterszeit mit deinen Fürsten und Mannen beim Essen sitzt. In der Mitte brennt zwar das Herdfeuer, und der Speisesaal ist warm; aber draußen toben überall Stürme mit Winterregen oder Schnee. Nun kommt ein Spatz und fliegt ganz schnell durch die Halle; zur einen Tür fliegt er herein, gleich darauf zur anderen wieder hinaus. Solange er drinnen ist, packt ihn das Winterwetter nicht, doch hat er nur in einem ganz kleinen Raum für einen Augenblick Geborgenheit. Aus dem Winter gekommen, kehrt er sogleich in den Winter zurück und entschwindet deinen Augen. So kurz erscheint unser Menschenleben; was folgen wird und was vorangegangen ist, das wissen wir ganz und gar nicht. Wenn nun diese neue Glaubenslehre dazu etwas Zuverlässiges beiträgt, verdient sie wohl, daß man ihr folgt.«

So sprach ehemals, vor mehr als eintausenddreihundert Jahren einer der königlichen Ratgeber. Das Geheimnis des Menschenlebens, vor allem die Frage nach dem Woher und Wohin hat die Menschen immer beschäftigt und faszi-

niert, damals wie heute, und dies auch dort, wo man glauben könnte, diese Frage sei bereits eindeutig beantwortet worden.
Eine Gruppe von 18 Westberliner Theologiestudenten weilte auf Einladung sowjetischer Studenten in Moskau. Ein Westberliner Student berichtet: »Die jungen Atheisten wollten mit uns vor allem über das Leben nach dem Tod reden, diese Frage bewegt sie alle sehr, denn darauf gibt ihnen der Marxismus keine Antwort.« Es stimmt nicht ganz, daß der Marxismus die Frage nach dem »Jenseits des Todes« nicht beantwortet. Er beantwortet diese Frage negativ, er sagt, es gebe nach dem Tode kein Leben mehr. Der Mensch setze sich nur aus Materie zusammen und diese zerfällt, löst sich auf und geht über in eine andere Form des Daseins. Doch damit wollen sich anscheinend die Menschen nicht ganz abfinden. Auch einem Marxisten fällt es schwer, sich damit abzufinden, daß sein Leben nur als ein Vorgang von hochentwickelten biologischen und chemischen Prozessen zu verstehen wäre. In diesem Zusammenhang denke ich daran, was Milowan Djillas, einst ein enger Freund, später ein politischer Gegner Titos, über ihn in einem seiner Bücher erzählt: »Als wir uns eines Tages unterhielten, sagte ich ihm, daß der Tod nichts anderes, als nur ein chemischer Zerfallprozeß sei. Er dagegen antwortete mir schmunzelnd: ›Reden Sie nicht so, man kann das doch nicht wissen!‹« Auch einem Marxisten, einem Atheisten fällt es anscheinend schwer, mit der allerletzten Konsequenz ernst zu machen, daß es nach dem Tode kein Wohin mehr gibt. Schlagzeilen machte ehemals ein Interview, das Mao Tse-tung dem amerikanischen Journalisten Edgar Snow gab. Er sagte, er sei nun schon so alt, daß er wohl »bald vor Gott treten« werde. Einige Jahre später äußerte sich einer der Drahtzieher der chinesischen Politik, Teng Hsiao-ping, im etwa gleichen Sinne, denn er

sagte: »Ich lege meine Prüfung an dem Tage ab, an dem ich Gott begegne – doch wer weiß, was für Zensuren mir Gott zuteilt?« Keinesfalls muß man diese Äußerungen gleich im christlichen Verständnis vom Tod deuten, vielleicht waren sie auch gar nicht so gemeint. Doch eine gewisse Skepsis gegen eine Weltanschauung, die keine Zukunft jenseits der Todesgrenze mehr bietet, ist nicht zu überhören; gleichzeitig läßt sich daraus auch eine Hoffnung heraushören, daß doch nicht alles mit dem Tode zu Ende geht, daß die horazianische Sehnsucht und Hoffnung zugleich »non omnis moriar« auch heute weiter verbreitet ist, als es manchmal der Eindruck des Alltags zu sein scheint. In dem Roman »Krebsstation« von A. Solschenizyn gibt es diese beeindruckende Szene, wo Oleg seinen ehemaligen Zimmergenossen Schulubin nach der Operation aufsucht. »Ganz werde ich nicht vergehen«, flüsterte Schulubin. Oleg meint, Schulubin phantasiere und antwortet: »Alexej Filippytsch, Sie werden leben! Halten Sie sich tapfer ...« Darauf der Kranke: »Ein Bruchteil, he? Ein winziges Stückchen wird bleiben?« Und Oleg erkannte, daß der Kranke nicht phantasierte, sondern an das letzte Gespräch der beiden vor der Operation anknüpfte; damals sagte er: »Manchmal fühle ich es ganz deutlich, daß in mir mehr als ein bloßes Ich ist. Etwas Unzerstörbares, Erhabenes! Ein winziger Teil des Weltgeistes.«

Unwillkürlich fällt mir ein bekannter Aphorismus ein: »Der Mensch kann nicht leben ohne ein dauerndes Vertrauen zu etwas Unzerstörbarem in sich.« Die zitierten Äußerungen und erzählten Geschichten scheinen diesen Aphorismus zu untermauern. Auch unser Bruder P. lebte gewiß von diesem Vertrauen zu etwas Unzerstörbarem in sich. Diese Hoffnung »non omnis moriar« wird in christlicher Verkündigung ganz konkret als die Hoffnung der Unvergänglichkeit und der Unsterblichkeit verkündet,

»denn dieses Vergängliche muß sich mit Unvergänglichkeit bekleiden und dieses Sterbliche mit Unsterblichkeit« (1 Kor 15,53). Gewiß läßt sich diese Verkündigung nicht mit den Methoden der Naturwissenschaften überprüfen und nachweisen. Der Zugang zum Inhalt dieser Wahrheit läßt sich nicht auf dem Wege der Naturwissenschaften finden, er eröffnet sich allein durch den Glauben. Sie spricht ein Geheimnis an, das sich uns nur durch den Glauben aufschließt. Dementsprechend wird auch die Mitteilung dieser Wahrheit eingeleitet: »Ich enthülle euch ein Geheimnis« – schreibt der Apostel Paulus (1 Kor 15,51). Er meint das Geheimnis von der Auferstehung Christi und der Auferstehung der Toten, die auf den Namen Christi getauft sind. Dieses Geheimnis verkündet die Kirche angesichts des Todes. Darüber kann es keinen Zweifel geben, daß es eine Verkündigung ist, die sich unseren Sinnen wie auch unserer Erkenntnis entzieht. Aber kommt nicht in ihr etwas von dem zum Ausdruck, was der im 17. Jahrhundert lebende Anatom und Naturwissenschaftler, später auch Priester und Bischof Niels Stensen in einem Vortrag aus dem Bereich der Anatomie, den er an der Universität zu Kopenhagen hielt, sagte: »Schön ist, was wir sehen, schöner, was wir wissen, weitaus am schönsten ist, was wir nicht fassen.« Diesen Satz wird dann etwa einhundertfünfzig Jahre später auch W. Goethe wiederholen. Er behält auch heute seine Aktualität, vor allem angesichts des Todes.

Der Tod ist wie eine Geburt

(Bei der Beerdigung eines 53jährigen Kirchenfernstehenden)

Der russische Schriftsteller und Nobelpreisträger Borys Pasternak berichtet über ein Telefongespräch, das er 1934 mit Stalin führte. Stalin selbst rief ihn an. Es handelte sich um einen Freund Pasternaks, den Stalin bereits zum Tode verurteilt, dann aber auf Bitten Pasternaks begnadigt hatte. Das ganze Gespräch drehte sich um den Freund Pasternaks. Doch mitten im Gespräch unterbrach Pasternak plötzlich: »Genosse Stalin, warum reden wir die ganze Zeit über Mandelstam. Schon lange wollte ich mit Ihnen sprechen!« »Worüber?« fragte Stalin. »Über Leben und Tod« – antwortete Pasternak. Daraufhin legte Stalin den Hörer ab.

Ich kann es mir gut vorstellen, daß Stalin in seiner Reaktion keine Ausnahme bleibt, denn auch wir reden über Vieles, aber einem Gespräch über den Tod gehen wir gern aus dem Wege. Über den Tod will keiner sprechen, und dies, obwohl der Tod unter den vielen Unsicherheiten unseres Lebens die einzige Sicherheit bleibt.

Auch wenn wir nicht gern über den Tod sprechen, ihm aus dem Wege gehen, werden wir nie können. Er holt uns immer ein, wir werden mit ihm dauernd konfrontiert. Jeden Tag hören wir von ihm, fast jeden Tag werden uns auf den Bildschirmen unserer Fernsehgeräte Tote gezeigt, sie werden uns in unsere Wohnungen gebracht. Aber er scheint uns dennoch ein ferner Gast zu sein und rührt uns nicht allzu sehr an. Anders dagegen, wenn er uns näher kommt, wenn er uns indirekt oder direkt begegnet, indem er einen aus unserem Kreise, aus dem Familien-, Freundes-, oder Bekanntenkreise hinwegrafft. Dann fühlen wir uns getroffen und betroffen, dann werden auch Fragen aktuell, die wir uns sonst kaum stellen, Fragen nach dem Sinn des Lebens, aber auch nach dem Wohin. Es sind Fragen, die uns direkt betreffen, andererseits auch Fragen, die uns weder die Wissenschaft noch die Technik zu beantworten vermögen. Es sind Fragen, die nur vom Glauben her beantwortet werden können, vom religiösen oder einem anderen Glauben. Sehr prägnant kommt dies in dem folgenden Gespräch zwischen einem Kind und einer alten Frau zum Ausdruck: »Kind: ›Was ist, wenn man tot ist?‹ Alte Frau: ›Das weiß ich nicht.‹ Kind: ›Können die Toten uns sehen?‹ Alte Frau: ›Das glaub ich nicht.‹ Kind: ›Gibt es wirklich einen Himmel?‹ Alte Frau: ›Ja, wir meinen schon, aber ich weiß nicht.‹ Kind: ›Warum sagt uns Gott nicht vorher, wann wir sterben müssen?‹ Alte Frau: ›Das weiß ich auch nicht.‹ Kind: ›Weiß man denn überhaupt nichts?‹ Alte Frau: ›Man muß glauben.‹« Und der Kommentar zu diesem Gespräch: »Glauben sollte man können. Wie aber läßt sich das lernen? Es gibt keine Regel dafür, schon gar keine Faustregel, und die Toten, die doch wissen müssen, ob der Glaube hilft – : die Toten geben keine Antwort ...«

Wenn auch die Toten uns keine Antwort geben, über einen Mangel an Antworten können wir uns nicht beklagen. Die Palette dieser Antworten ist sehr breit gefächert, sie reicht von Antworten, die die Existenz einer Wirklichkeit nach dem Tode bestreiten bis zu Antworten, die von einem glücklichen Zukunftsort sprechen. Auch das Christentum, dem unser Verstorbener durch die Taufe angehörte, versucht diese Fragen zu beantworten, indem es sagt, der Mensch komme von Gott und kehre zu ihm zurück. Und es sagt auch, daß der Tod nicht das allerletzte Sagen hat, daß er nicht eine totale Auslöschung und Zerstörung des Menschen bedeutet, sondern als ein Übergang in ein anderes Leben zu verstehen ist. Diese Botschaft verkündet die Kirche angesichts des Todes. Sie tut es nicht als die Besserwissende, sondern als die Glaubende und Hoffende zugleich. Ihr Glaube und ihre Hoffnung gründen in der Person Jesu Christi, in seinem Tod und seiner Auferstehung.

Im Evangeliumsbericht, der von der Auferweckung des Lazarus erzählt, bedauert Marta die Abwesenheit Jesu, denn sie meint, wäre Jesus zeitig gekommen, wäre ihr Bruder nicht gestorben. Daraufhin Jesus: »Dein Bruder wird auferstehen ... Ich bin die Auferstehung und das Leben. Wer an mich glaubt, wird leben, auch wenn er stirbt« (Joh 11,23.25). Und er fragt sie nicht etwa: »Verstehst du das?«, »Weißt du, wie es geschehen wird?«, sondern: »Glaubst du das?« (Joh 11,26). Wenn wir Christen von der Auferstehung, vom Himmel, von den ewigen Wohnungen, von der Heimkehr, von dem neuen ewigen Leben bei Gott sprechen, dann tun wir das nicht als die Wissenden, sondern als die, die ihr Vertrauen und ihre Hoffnung auf Gott gesetzt haben, nicht auf einen nebulösen Gott, sondern auf den Gott, der seinen Sohn Jesus Christus durch seine Kraft zum neuen Leben auferweckt hat. Von diesem Gott erhoffen wir, daß er auch unsere Verstorbenen zum neuen Leben auferwecken wird, daß der Tod, obwohl er dem menschlichen Leben auf der Erde ein Ende setzt, in Wirklichkeit mit einer Geburt zu vergleichen ist.

In dem Drama von Carl Zuckmayer »Rattenfänger« wird in einer Szene das Todesproblem diskutiert und einer der Diskutierenden fragt dabei, ob es sich mit dem Tod nicht wie mit einer Geburt verhalte. Vor der Geburt, meine er, sei das Kind doch völlig von seiner Mutter umgeben und erhalte all sein Leben von ihr; es sehe sie aber nicht. Die Geburt müsse für das Kind doch so etwas wie ein Schock

sein, aber erst nachher könne es seine Mutter sehen. So seien wir, fährt er fort, doch im irdischen Leben ganz von Gott umschlossen und bekämen alles Leben von ihm, aber sehen könnten wir ihn nicht; erst nach dem Schock des Todes würden wir ihn sehen.
So ist der Tod wahrlich für den durch ihn direkt Betroffenen wie auch für die Hinterbliebenen ein echter Schock. Für den Glaubenden ist er aber auch eine Geburt für ein neues, nicht mehr endendes Leben bei Gott.

Die Todesgrenze verleiht unserem Leben Bedeutung

(Ansprache bei der Gräbersegnung an Allerseelen)

»Will nie sterben« – lautete vor ein paar Jahren in einer Tageszeitung die Überschrift zur folgenden Notiz: »Salvador Dali will ewig leben. ›Da ich ein Genie bin, habe ich überhaupt kein Recht zu ersterben. Wir Genies werden gebraucht für den Fortschritt der Menschheit‹ – sagte der 82jährige spanische Maler, als er in Barcelona die Klinik verließ, in der ihm ein Herzschrittmacher eingesetzt wurde.«

Wer von uns hätte nicht einen ähnlichen Wunsch? Und wenn wir uns auch nicht zu den Genies zählen, so dürfte es nicht an Gründen fehlen, die uns rechtfertigen würden, einen solchen Wunsch zu äußern.

Doch die Gräber, mit denen wir immer wieder, heute besonders, konfrontiert werden, sprechen eine deutliche Sprache, indem sie unser Wunschdenken korrigieren und in die Wirklichkeit des Lebens zurückführen. Denn man darf es ohne weiteres sagen, die meisten, die die Gräber bergen, hätten noch gern in dieser Welt gelebt.

Kein Tag des kirchlichen Kalenders erinnert uns so stark an die Wahrheit des Todes wie der Tag Allerseelen. Wir würden schon gern dieser Erinnerung, gleich ob Redner oder Zuhörer, aus dem Wege gehen, aber dann blieben wir Kindern ähnlich, die ein Versteckspiel spielen, bei dem der Versteckte sich der Illusion hingibt, er hätte sich so gut versteckt, daß keiner ihn finden würde. Bei einem Versteckspiel mag dies noch ab und zu gelingen, aber nicht im Leben; der Tod findet jeden, er holt einen jeden aus seinem

Versteck heraus. Darüber, glaube ich, sind wir uns weitgehend einig. Auch weitgehend einig können wir uns darin sein, daß wir Angst vor dem Tode haben, daß wir den Gedanken an ihn verdrängen, und auch seinen Zeitpunkt möglichst weit verschieben möchten. Wir können ihm wenig Sinn abgewinnen. Im Gegenteil, wir sehen in ihm unseren größten Feind, den Zerstörer unseres größten Gutes, unseres Lebens. Und dennoch, wie unglaubwürdig und paradox dies auch klingen mag, erst durch den Tod gewinnt unser Leben, was wir tun oder auch lassen, an Sinn.

Versuchen wir uns das mit Hilfe eines Vergleichs ein wenig plausibel zu machen. Das Spiel gehört zu den schönsten Beschäftigungen der Menschen. Es gibt viele und verschiedene Spiele, Gesellschaftsspiele, aber auch sportliche Wettkämpfe. Ein schönes Spiel, für das sich Millionen von Menschen interessieren, ist z. B. ein Fußballspiel. Was haben alle Spiele, auch ein Fußballspiel, gemeinsam: sie haben einen Anfang und ein Ende, eine festgesetzte Zeit. In dieser Zeit muß gespielt und gekämpft, müssen Tore geschossen und Punkte erkämpft werden. Es zählt nur, was in der festgesetzten Zeit erreicht wird. Dann wird es abgepfiffen, Schluß. Würde das Spiel kein Ende haben, wäre es langweilig, bliebe jede Anstrengung bedeutungslos. Erst dadurch, daß es ein Ende hat, gewinnt es an Bedeutung, für die Zuschauer, vor allem aber für die Spieler selbst, wie sie spielen, wie sie die Zeit ihres Spieles nutzen. So ist es auch mit unserem Leben. Es steht uns allen, ähnlich wie in einem Spiel, nur eine begrenzte Zeit für die Erfüllung unserer Aufgaben zur Verfügung, denn auch dem wichtigsten Spiel, unserem Lebensspiel, ist eine Grenze gesetzt. Aber eben diese Grenze macht es uns möglich, unser Leben bewußt und intensiv zu erleben. Erst angesichts dieser Grenze gewinnt alles, was wir tun oder lassen, an Bedeutung. Beispielhaft versucht dies Simone de Beauvoir in ihrem Roman »Alle Menschen sind sterblich« am Beispiel von Fosca, der zu ewigem Leben in dieser Welt verdammt ist, zu verdeutlichen. Weil Fosca ohne Grenze auf dieser Welt zu leben hat, schwindet bei ihm alles: die Lebensfreude, die Erlebnismöglichkeit, jede Verbundenheit und Verantwortung, nichts hat für ihn mehr Gewicht, weder Leid noch Freude. Wie belastend daher einerseits das Bewußtsein einer Zeitgrenze für uns auch sein mag, und wie verständlich die Versuche auch sind, sie möglichst weit zu verschieben, – sie ist es, die unserem Leben Intensität und Dichte verleiht, und somit unserem Leben einen Sinn zu vermitteln vermag.

Aber trotz gewisser Ähnlichkeiten, die ein Spiel mit unserem Leben aufweisen kann, gibt es einen wesentlichen Unterschied: In jedem Spiel ist die Zeitgrenze festgelegt, dagegen bleibt uns unsere Zeitgrenze unbekannt, denn »ihr wißt nicht, an welchem Tag euer Herr kommt«, heißt es bei Matthäus (Mt 24,42), und im Lukasevangelium lesen wir: »Der Menschensohn kommt zu einer Stunde, in der ihr es nicht erwartet« (12,40).

Kaum zu einer anderen Zeit waren diese Worte so aktuell wie heute. Eine Pressemeldung lautete: »80 000 Sekunden-Tote«, und im Text hieß es, daß so viel Menschen im Jahr in der Bundesrepublik den plötzlichen Tod des Herzschlages sterben.

Würden wir unser Nachdenken über den Tod an dieser Stelle abbrechen, bliebe ein Nachgeschmack, wir sind kaum über die Grenze der natürlichen Erfahrung gegangen. Und wir fühlen es, wie unvollständig eine solche Wahrheit über den Menschen, sein Leben und seinen Tod wäre, aber auch wie hoffnungslos uns das Schicksal unserer Verstorbenen vorkommen müßte. Es gibt noch eine andere, weitere Wahrheit über den Tod. Es ist die Wahrheit des religiösen Glaubens. Der christliche Glaube sieht nicht im Tod das Ende des menschlichen Lebens, und betrachtet auch nicht das Grab als die Endstation aller Hoffnungen. Denn nach christlichem Verständnis ist der Tod ein Übergang in ein anderes Leben und das Grab wird als die Stätte angesehen, aus der der Mensch zu einem neuen, einem Leben bei Gott auferweckt wird. Diesen Glauben und diese Hoffnung bezieht das Christentum aus dem Tod und der Auferstehung Jesu Christi. Im Hinblick darauf konnte einst der Apostel Paulus an die Gemeinde der Thessalonicher schreiben: »Brüder, wir wollen euch über die Verstorbenen nicht in Unkenntnis lassen, damit ihr nicht trauert wie die anderen, die keine Hoffnung haben. Wenn Jesus – und das ist unser Glaube – gestorben und auferstanden ist, dann wird Gott durch Jesus auch die Verstorbenen zusammen mit ihm zur Herrlichkeit führen« (1 Thess 4,13–14).

Diese Worte haben auch heute kaum an Aktualität eingebüßt. Sie gewinnen besonders an Bedeutung, wenn sie angesichts der Gräber unserer Verstorbenen gesprochen werden.

Die Hoffnung des Grabes

(Predigt bei der Gräbersegnung in der Friedshofskapelle an Allerseelen)

Der Schriftsteller Stefan Andres (1906–1970), dessen Werke von existenziell-religiösen Fragen durchdrungen sind, schrieb auch die Erzählung »Das Grab des Neides«. Aus dieser Erzählung stammt die folgende Geschichte: Ein junges Ehepaar suchte auf einem sehr alten Friedhof ein bestimmtes Grab. Ihr Führer wies auf verschiedene Vertiefungen hin, die jetzt als Abfallhaufen dienten. Dieser Anblick machte den jungen Ehemann betroffen. Herausfordernd schaute ihn der Führer an und sagte: »Ist doch jedes Grab ein Abfallhaufen.« – »Das – und noch etwas anderes!« – »Etwas anderes?« fragte der Führer erstaunt. »Die Akten unseres Lebens sind eines Tages abgeheftet, verstaubt und vermodert, und keiner kümmert sich mehr darum!« »Da bin ich anderen Glaubens«, erwiderte der junge Mann. »Ansichtssache!« – meinte der Führer. »Durchaus nicht Ansichtssache; vielmehr Sache der inneren Entscheidung!« Für einige Augenblicke blickten alle drei in die verschütteten Gräber, als dächten sie über irgend etwas nach.

Auch wir werden heute, die meisten unter uns gewiß nicht zum ersten Mal, mit einem Grab, ja sogar mit mehreren Gräbern konfrontiert. Es ist durchaus keine begehrenswerte und angenehme Konfrontation, gern würden wir ihr aus dem Wege gehen. Aber, wie wir uns auch darum bemühen würden, das Grab holt uns immer ein. Bevor es einmal unser eigenes Grab sein wird, sind es zunächst die Gräber anderer Menschen, unserer Eltern, unseres Ehepartners, unserer Angehörigen, unserer Freunde und Bekannten, bei denen wir uns aufhalten, die uns zum Nachdenken anregen, ja, herausfordern. Denn ein jedes Grab gilt als eine Anfrage an uns, es stellt uns vor die tiefste Frage. Es ist die Frage des Lebens und des Todes, des Glaubens und des Unglaubens. Die Antwort bleibt nicht bedeutungslos, sondern von ihr hängt etwas Wesentliches ab, ob ich das Grab als die Endstation aller Hoffnungen sehe, oder es als eine Übergangsstätte in eine andere Wirklichkeit betrachte, eine endgültige Grenze in ihm sehe, an der das menschliche Leben zerschellt und zerstört wird, oder eine Übergangsgrenze, die das eine Leben vom anderen trennt und in ein neues Leben bei Gott führt. So versteht das Christentum den Tod und das Grab.

Das christliche Verständnis vom Grab als einer Übergangsstätte findet seine Begründung im Grab Jesu Christi. In Christus ist Gott mit der allerletzten Konsequenz, auch der Konsequenz des Todes und des Grabes, Mensch geworden. Aber durch seinen Tod und seine Auferstehung besiegte er beides: den Tod und das Grab. Sein Grab ist leer aufgefunden worden. Zwar gehören nach wie vor der Tod und das Grab zur menschlichen Wirklichkeit, aber nicht mehr als eine unüberwindliche Grenze und ihre allerletzte Station, sondern nur als eine Übergangsgrenze und -station, die in eine andere Wirklichkeit, in die Wirklichkeit Gottes führen. So löst Gott das Versprechen ein, das er einst durch den Propheten Ezechiel seinem Volk gegeben hatte: »Ich öffne eure Gräber und hole euch, mein Volk, aus euren Gräbern herauf« (Ez 37,12).

Diese Wahrheit gehört zum Kern der christlichen Verkündigung. Es ist eine Glaubenswahrheit, die nicht beweisbar ist, wie sich auch die Meinung, daß das Grab das allerletzte Ende bedeutet, unserer Erkenntnis entzieht. Die christliche Glaubenswahrheit vom Leben auch jenseits der Todesgrenze gründet in der Person Jesu Christi, in seinem

Tod und seinem leeren Grab. Es ist eine Wahrheit, die Hoffnung zu spenden vermag. Eine weitere Hoffnung als nur die innerweltliche. Es ist die Hoffnung, daß Gott dem Menschen, den er zum Leben berufen hat, sein Leben nicht durch den Tod zerstören wird. Gewiß hatte der bekannte französische Schriftsteller des 19. Jahrhunderts, Viktor Hugo, diese Hoffnung im Sinn, als er einmal sagte, daß er in Wirklichkeit drei Leben kennengelernt habe: ein Leben voller Sorge in der Öffentlichkeit, ein Leben voller Liebe in der Familie, und ein Leben voller Hoffnung im Glauben. Wenn man diese Hoffnung hat, dann darf man trotz des Grabes zuversichtlich in die Zukunft schauen. Dann dürfen wir uns auch diese Worte eines ostdeutschen Osterliedes zu eigen machen: »Nicht trostlos wollen wir nun weinen an uns'rer Brüder Grab und Gruft; es wird der Tag ja einst erscheinen, der zur Unsterblichkeit uns ruft. Alleluja, alleluja!«

Literatur- und Quellenverzeichnis

S. Andres, Das Grab des Neides, in: Meistererzählungen, Piper Verlag, München 1980

W. Bartoszewski, Wer ein Leben rettet, rettet die ganze Welt, Verlag Herder, Freiburg-Basel-Wien, 1986

A. Borst, Lebensformen im Mittelalter, Ullstein-Sachbuch, Frankfurt a. M. – Berlin, 1988

W. Fährmann, Randständig katholisch von A bis Z, in: Katholische Kindheit. Hrsg. von E. Jooß und W. Ross, Verlag Herder. Freiburg-Basel-Wien, 1988.

A. Görres, K. Rahner, Das Böse. Wege zu seiner Bewältigung, in: Psychotherapie und Christentum, Verlag Herder, Freiburg-Basel-Wien, 1982

F. Kafka, Sämtliche Erzählungen, © 1935 by Schocken Verlag, Berlin; © 1946, 1963 bei Schocken Books Inc., New York City, USA; (Der Abdruck erfolgt mit freundlicher Genehmigung der S. Fischer Verlag GmbH, Frankfurt a. M.)

H. Killian, Hinter uns steht nur der Herrgott. Ein Chirurg erinnert sich, Herderbücherei Band 276, 1984

G. Klempnauer, Was allen Einsatz lohnt. Spitzensportler über ihren Glauben, Herderbücherei Band 1133, Freiburg 1984

H. Knef, Das Urteil, Fritz-Molden-Verlag, Wien-München-Zürich 1975

W. Koch (Hrsg.), Vom Tod. Ein Lesebuch für Jedermann, Insel TB, Suhrkamp Verlag, Frankfurt a. M. 1987

L. Rinser, Die vollkommene Freude, Fischer Taschenbuch-Verlag, Frankfurt a. M. 1975

A. Solschenizyn, Krebsstation. © 1968 by Alexander Solchenizyn. Deutsche Übersetzung © by Luchterhand Literaturverlag GmbH, Frankfurt a. M.

R. Stertenbrink, In Bildern und Beispielen, Band 4, Verlag Herder, Freiburg-Basel-Wien, 1984

H. Thielicke, Zu Gast auf einem schönen Stern. Erinnerungen, © Hoffmann und Campe Verlag, Hamburg 1984

Nach dem Tod eines Sohnes, in: Christ in der Gegenwart 13/88